GERITZT UND ENTZIFFERT

Schriftzeugnisse der römischen Informationsgesellschaft

VON MARCUS REUTER
UND MARKUS SCHOLZ

LIMESMUSEUM AALEN
ZWEIGMUSEUM
DES ARCHÄOLOGISCHEN LANDESMUSEUMS
BADEN-WÜRTTEMBERG

Schriften des Limesmuseums Aalen
Nr. 57

Herausgegeben von
der Gesellschaft für Vor- und Frühgeschichte
in Württemberg und Hohenzollern e.V.
mit Unterstützung
des Archäologischen Landesmuseums Baden-Württemberg
und der Stadt Aalen

Zu beziehen über den Konrad Theiss Verlag, Stuttgart

Bibliografische Information der Deutschen Bibliothek

Die Deutsche Bibliothek verzeichnet diese Publikation
in der Deutschen Nationalbibliografie;
Detailierte bibliografische Daten sind im Internet
über <http:/dnb.de> abrufbar

ISBN 3-8062-1924-9

© Archäologisches Landesmuseum Baden-Württemberg
Esslingen am Neckar 2004
Alle Rechte vorbehalten

Schriftleitung: Martin Kemkes
Produktion: Verlagsbüro Wais & Partner, Stuttgart
Karikaturen: Burkhard Pfeifroth, Reutlingen
Litho: D\D\S Digital Data Service Lenhard, Stuttgart
Druck und Binden: Gulde-Druck, Tübingen

INHALT

Bronzene Besitzermarke

vom Zaumzeug (?) eines Kavaleriepferdes
mit punktierter Inschrift t(urma) Firmani(i) /
Concens(s)i – „Besitz des Reiters Concens-
sus aus der Schwadron des Firmanus".
Neufund aus dem Kastell Aalen 2004.

Vorwort

Könnten Sie sich das heutige Leben ohne Schrift vorstellen, ohne Zeitung, Buch, Werbung, Steuererklärung, Liebesbrief, Computer und Faxgerät? Wohl kaum. Und doch war menschliches Zusammenleben und die Entwicklung differenzierter Kulturen in Mitteleuropa rund 400 000 Jahre lang ohne Schrift möglich. Dies änderte sich erst mit dem Vordringen der Römer über die Alpen um 15 v. Chr.

Die Schrift stellt die bislang wichtigste zivilisatorische Errungenschaft in der Geschichte der Menschheit dar, folgenreicher noch als die Entdeckung des Rades. Die Idee, auch komplizierteste Sachverhalte anhand einer nur kleinen Zahl von abstrakten Zeichen (Buchstaben) darzustellen, ermöglichte es, Erfahrungen und Gedankengut im Gegensatz zur mündlichen Überlieferung in unbegrenztem Umfang dauerhaft festzuhalten. Damit war eine wesentliche Grundlage für technischen und sozialen Fortschritt, wie zum Beispiel Gesetze und Rechtsprechung, geschaffen.

Auch in den Provinzen des Römischen Reiches war die Kenntnis des Lesens und Schreibens weit verbreitet. In fast allen Bereichen des öffentlichen und privaten Lebens spielte das geschriebene Wort eine große Rolle. Zeugnisse dieser hoch entwickelten und differenzierten Schriftkultur sind unzählige Schriftfunde auf Stein, Holz, Papyrus, Leder, Metall und Ton.

Der vorliegende Band erhebt nicht den Anspruch, die römische Schriftkultur in ihrer Gesamtheit darzustellen. So bleibt der große Bereich der Steininschriften, wie Grabsteine, Kaiserinschriften u. a. hier unbehandelt. Diese Schriftgattung wurde bereits in den Bänden Nr. 25 und 28 dieser Reihe von Ph. Filtzinger und U. Schillinger-Häfele abgehandelt, auf die hier verwiesen wird. Hier sollen vielmehr die so genannten „Kleininschriften" im Vordergrund stehen, jene handschriftlichen Zeugnisse der alltäglichen Kommunikation. Damit lassen sich antike Lebensbereiche erschließen, die auf archäologischem Wege nicht oder nur ansatzweise zu fassen sind: So erfahren wir erst aus solchen Schriftfunden beispielsweise von einer unglücklich ausgegangenen Liebesgeschichte in Groß-Gerau, den Bauwünschen eines Villenbesitzers aus Grenzach oder stellen mit Erstaunen fest, dass man im römischen Trier auch Spatzen und Raben als Delikatesse verzehrte.

Dieser Band 57 der Schriftenreihe des Limesmuseums Aalen ist gleichzeitig das Begleitbuch zur gleichnamigen Sonderausstellung, die anlässlich des 40-jährigen Jubiläums des Museums vom 25. Sep-

1 „Ich lese"

Griff eines Klappmessers aus Bein in Gestalt eines Affen, der ein Schreibtäfelchen mit den griechischen Buchstaben ΛΕΓΟ = „ich lese" in der Hand hält. Steinheim, Ldkr. Dillingen; 3. Jh.

tember 2004 bis zum 28. März 2005 im Limesmuseum Aalen gezeigt wird. Die Ausstellung entstand in Kooperation mit dem Vindonissa-Museum in Brugg (CH) und der Archäologischen Staatssammlung in München, die beide im Anschluss diese Ausstellung zeigen werden. Beiden Partnern, vor allem den zuständigen Kollegen René Hänggi und Bernd Steidl, sei an dieser Stelle für die sehr gute Zusammenarbeit gedankt.

Für die inhaltliche Vorbereitung der Ausstellung und das Verfassen dieses Buches ist den beiden Autoren Marcus Reuter und Markus Scholz besonders zu danken. Über viele Jahre haben sie sich intensiv mit dem Thema beschäftigt und dabei eine Fülle an Material gesammelt. Ohne ihre vertiefenden Kenntnisse wäre eine Aufarbeitung und Präsentation der römischen Kleininschriften in dieser quantitativen wie qualitativen Fülle nicht möglich gewesen. Beide haben an der Universität Freiburg Provinzialrömische Archäologie, Alte Geschichte und Vor- und Frühgeschichte studiert. Marcus Reuter ist zurzeit beim Archäologischen Landesmuseum Baden-Württemberg für die Vorbereitung der großen Landesausstellung 2005 mit dem Titel „Imperium Romanum – Roms Provinzen an Neckar, Rhein und Donau" verantwortlich. Markus Scholz arbeitet beim Landesdenkmalamt Baden-Württemberg und leitet zurzeit die archäolo-

gischen Ausgrabungen in den Kastellen Heidenheim und Aalen. Auch ihnen sei für ihren großen Einsatz und für die freundschaftliche Zusammenarbeit sehr herzlich gedankt.

Bei der Auswahl der in der Ausstellung gezeigten und in diesem Band vorgestellten Schriftzeugnisse wurde versucht, aus der großen Masse des einschlägigen Materials nicht nur einen repräsentativen Querschnitt zu zeigen, sondern dabei auch kaum bekannte oder unpublizierte Stücke zu berücksichtigen. Dies wurde erst durch das freundliche Entgegenkommen zahlreicher Kolleginnen und Kollegen möglich (siehe Anhang), die für die Ausstellung wie für den Katalog Exponate zur Verfügung gestellt haben. Einige davon sind in diesem Katalog mit eigenen Beiträgen vertreten: J. Blänsdorf (Mainz), J. Dolata (Mainz), U. Herbermann (Freiburg), J. Krier (Luxemburg), L. Schwinden (Trier) und M. Witteyer (Mainz).

Abschließend sei darauf hingewiesen, dass die Schriftenreihe des Limesmuseums Aalen eine Gemeinschaftsproduktion ist, und nur aufgrund der jahrzehntelangen vertrauensvollen Zusammenarbeit der Partner Jahr für Jahr erscheinen kann. Vonseiten des Archäologischen Landesmuseums Baden-Württemberg sei deshalb der Gesellschaft für Vor- und Frühgeschichte in Württemberg und Hohenzollern e.V. als Herausgeberin herzlich gedankt.

Ein besonderer Dank gilt schließlich der Stadt Aalen, ihrem Oberbürgermeister Herrn Ulrich Pfeifle sowie allen Verantwortlichen und Mitarbeitern. Die Stadt Aalen leistet nicht nur seit vielen Jahren einen erheblichen Beitrag zur Finanzierung der Reihe insgesamt, sondern hat sich auch an der Produktion der Sonderausstellung in erheblichem Umfang beteiligt. Mindestens so wichtig wie diese finanzielle Unterstützung, ist jedoch die Bereitschaft zum Engagement und zum gegenseitigen Vertrauen, welche die Arbeit der Mitarbeiter für das Limesmuseum seit Jahren auszeichnet. Auf dieser Grundlage kann das Limesmuseum 40 Jahre nach seiner Gründung und nach 57 Heften der Schriftenreihe, so denke ich, in eine gute Zukunft schauen.

Der Grundidee der Schriftenreihe entsprechend, gibt der vorliegende Band einen vertiefenden Einblick in eine Quellengattung, die bisher nicht so im Bewusstsein einer breiteren Öffentlichkeit gestanden hat. Möge dieses Buch sowie die Ausstellung möglichst vielen Lesern und Betrachtern ein Fenster öffnen, in die faszinierende Welt der römischen Kleininschriften, die uns wie kaum eine andere Fundgattung den antiken Menschen in seinem alltäglichen Lebensumfeld nahe bringt.

RASTATT, IM JUNI 2004
MARTIN KEMKES

1.
Mitteleuropa lernt lesen und schreiben – die Anfänge der Schrift nördlich der Alpen

Im Jahre 58 v. Chr. verließen 368.000 Helvetier und andere mit ihnen verbündete Gallier ihre Heimat. Nachrückende römische Truppen fanden Listen (*tabulae*), auf denen all ihre Namen in griechischer Schrift verzeichnet waren. Von dieser ersten bekannten Volkszählung Mitteleuropas berichtet Caius Iulius Caesar (Bellum Gallicum 1, 29, 1).

Dennoch scheint der Schriftgebrauch im Alltag der Kelten während der Spätlatènezeit kaum eine Rolle gespielt zu haben. Entsprechende archäologische Funde sind extrem rar und gelten als Sensation, so z. B. die Entdeckung zweier Graffiti im Oppidum von Manching bei Ingolstadt. Erst mit dem Vorstoß römischer Truppen über die Alpen ab 15 v. Chr. änderte sich dies. Der intensive Schriftverkehr bei der Römischen Armee (Verwaltung, Heeresversorgung, Nachrichtenwesen) blieb auch für das neu eroberte Land nicht ohne Wirkung.

Lediglich im heutigen Südfrankreich entwickelte sich bereits am Ende des 3. Jh. v. Chr. unter dem Einfluss der griechischen Kolonie Massilia (Marseille) eine begrenzte Schriftkultur bei den Galliern. Hiervon zeugen Graffiti mit Besitzernamen und religiösen Weiheformeln. In der Gallia Narbonensis

(Südostfrankreich), seit 121 v. Chr. römische Provinz, wurden bis weit in das 1. Jh. v. Chr. hinein Latein, Griechisch, Gallo-Griechisch und Gallo-Lepontisch gesprochen – und geschrieben, jedoch nur von der Elite.

Auch im gallisch geprägten Norditalien blieb die Verwendung des Lateinischen außerhalb des Verwaltungsbedarfs noch bis ins 1. Jh. v. Chr. eine Ausnahme, erst dann setzte sich die römisch-lateinische Kultur fast schlagartig durch, sowohl in der Sprache als auch im materiellen Kulturgut, das bis dahin von der Latènekultur beeinflusst war. Die Aufstellung steinerner Monumente mit lateinischen Inschriften durch Angehörige der lokalen Eliten erfolgte erstmals in augusteischer Zeit. Bis in die 2. Hälfte des 1. Jh. n. Chr. blieben diese (Ritter, *decuriones* etc.) die fast ausschließlichen Stifter öffentlicher Schriftdenkmäler. Den Entwicklungsanstoß dazu gaben Urbanisierung, Bürgerrechtsverleihungen und Freilassungen unter Augustus.

2

2 BOIOS

Die bisher frühesten einheimischen Schriftzeugnisse Mitteleuropas nördlich der Alpen sind aus den spätlatènezeitlichen Oppida Manching (bei Ingolstadt) und Staré Hradisko (Böhmen) bekannt (ca. 100–80 v. Chr.). Während der Schriftgebrauch in Staré Hradisko bisher nur durch archäologische Funde (u.a. stili) belegbar ist, liegen aus Manching zwei Schriftgraffiti auf Tonscherben vor, davon eines sicher in griechischer Schrift, [---?] ZHΘ, das verschiedene Interpretationen zulässt (Alphabets- bzw. Zahlensequenz als Schreibübung oder griech. ZHΘ[I] = lat. vivas – „du mögest leben"?). Ein anderes nennt in lateinischen Buchstaben BOIOS, wohl einen Personennamen, der sich vom Volksnamen der Boier herleitet.

3

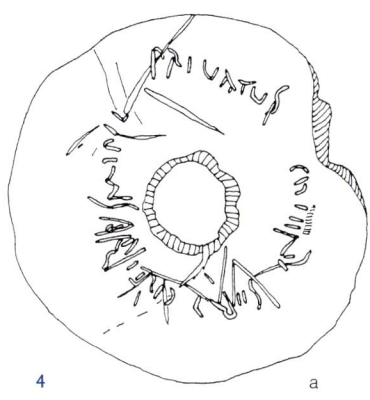
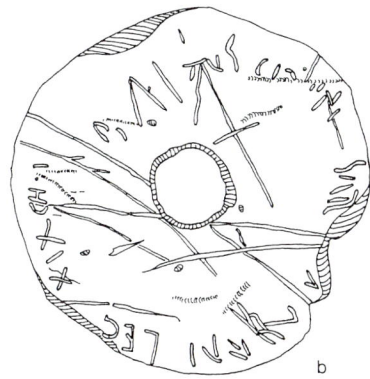

4　　　　　　　　　　　a　　　　　　　　　　　　　　　　b

3　Der älteste Brief

nördlich der Alpen wurde im frührömischen Militärlager Oberaden an der Lippe
(ca. 11–8/7 v. Chr.) gefunden, wo das hölzerne Schreibtäfelchen auf der Sohle
eines Brunnens die Zeiten überdauerte.
Von der einstigen Beschriftung ist nur
die auf der Außenseite in das Holz geritzte Adresse *T(ito) Epidio Deulleo XX* –
„an Titus Epidius Deulleus in (Hausnummer) 20" erhalten (Lesung B. Galsterer).
Der Name Epidius ist auch von Brand-
stempeln auf dort gefundenen Weinfäs-
sern bekannt. Handelte es sich um einen
campanischen Weinhändler?

4 a + b　Unter Varus verloren?

Gelochte Bleischeibe (Besitzermarke)
aus dem frührömischen Lager Dangstet-
ten (15/12–8/7 v. Chr.) am Hochrhein mit
Graffiti mindestens dreier verschiedener
Besitzer (Lesung R. Wiegels):
Vorderseite: 1. *T*(wohl Abkürzung eines
Namens); 2. *Privatus Coteni(?) ser(vus)*

>*(centurionis) co(hortis) II primipil(aris)* –
„Privatus, Sklave des Cotenus(?), des
Centurio der 2. Kohorte, des gewesenen
primus pilus"; 3. *Valerius*.
Rückseite: 1. *Pr[iva]tus Coteni(?) ser(vus)*,
2. *P(ublii) Q(...) Vari leg(ione) XIX c(o)-
h(orte) I*. Zwei verschiedene Übersetzun-
gen sind möglich: „Privatus, Sklave des
(Centurio) Cotenus(?), aus der 1. Kohorte
der 19. Legion unter dem Befehl des
P(ublius) Q(...) Varus" oder als zwei verschiedene, nacheinander eingeritzte
Besitzerinschriften „Privatus, Sklave des
Cotenus(?)" sowie „(Besitz des) P(ublius)
Q(...) Varus aus der 1. Kohorte der 19. Legion".
Diese Besitzermarke gehört zu den am
schwersten les- und interpretierbaren
ihrer Art. Nicht auszuschließen ist, dass
hier tatsächlich *Publius Quinctilius Varus*
gemeint war, zumal dreiteilige Namen
während der Frühzeit in der Regel nur
von höheren Chargen geführt wurden
(s. Kap. 7). Die 19. Legion war Teil des

Heeres, das 9 n. Chr. in der „*Varus*-Kata-
strophe" unterging. Dadurch erhält das
Stück eine gewisse historische Brisanz.
Da die Stationen der Laufbahn des späteren Oberkommandierenden des Rhein-
heeres Varus zwischen 13 und 6 v. Chr.
unbekannt sind, er aber als Vertrauter
des späteren Kaisers Tiberius galt, erscheint ein nicht näher bestimmbarer
Kommandoposten des Varus am Rhein
in der fraglichen Zeit durchaus möglich.
Varus war jedoch ein häufiger Personen-
name, sodass es sich genauso gut um
eine andere, sonst unbekannte Person
gehandelt haben kann.

5

5　Denar mit Graffito
SIIPIIINA von einem frührömischen
Kultplatz bei Bastendorf (Luxemburg).
Die Silbermünze des C. Iulius Caesar,
54/51 v. Chr. geprägt, war Opfergabe
einer (oder eines?) *Sepiena*.

2.
Als es noch kein Papier gab – römisches Schreibmaterial und Schreibgeräte

„Als Testamentsurkunden müssen wir jegliches Material gelten lassen; ob es sich nun um Urkunden auf Holz oder irgend einem anderen Stoff handelt, sei es auf Papyrus, auf Pergament oder auf dem Leder jedwelchen Tieres – alle sind sie zu Recht Urkunden"

ULPIAN, DIGESTEN 37.11

In der Antike wurde eine große Vielfalt von Beschreibstoffen verwendet – je nach der Verfügbarkeit des Materials und der Bedeutung des Dokuments. Richteten sich Mitteilungen an die Öffentlichkeit oder sollten sie besonders dauerhaft sein, bevorzugte man Metall oder Stein. Aktuelle Bekanntmachungen und Werbung pinselte man auf geweißte Holztafeln (lat. *alba* – daher „Album") oder auf Hauswände, die von Zeit zu Zeit übertüncht wurden. Die großen Flächen der meist weiß verputzten Hauswände animierten aber auch immer wieder zu privaten Äußerungen aller Art.

Im alltäglichen Schriftverkehr verfuhr man pragmatisch: In den waldreichen Nordwestprovinzen etwa wurden Texte meist mit Griffeln (*stili*) auf die rußgeschwärzten Wachsflächen hölzerner Täfelchen geritzt, die in der Regel aus Weißtanne gefertigt waren. Zum Glätten der Schreibflächen bei Wiederverwendung benutzte man Wachsspachtel. In Ägypten und dem Orient dagegen verfuhr man in der Regel anders: Hier beschrieb man vornehmlich den aus dem Nildelta stammenden Papyrus. Eine Alternative zum Papyrus stellte überall das in der Herstellung aufwändige Pergament dar. Dieses war, wie die Wachsflächen der hölzernen Schreibtäfelchen auch, mehrfach verwendbar, da die Schrift wieder gelöscht werden konnte. Billigster Beschreibstoff waren schließlich Tonscherben, so genannte Ostraka. Doch nicht nur Papyrus, Pergament und Tonscherben wurden mit Tinte beschriftet; auch Holz scheint in den Nordwestprovinzen als Schreibmaterial sehr beliebt gewesen zu sein, wie entsprechende Funde zeigen. Die Häufigkeit von römischen Tintenfässern und eisernen Schreibfedern belegt nachdrücklich, dass man hier keineswegs nur auf Wachsflächen schrieb.

Als weiterer Beschreibstoff diente Blei, das man vor allem für die rituellen Fluchtäfelchen (s. Kap. 11) sowie im alltäglichen Handel für Warenetiketten verwendete. Das weiche Metall eignete sich für die

6 Beispiel eines Graffitos
an einer Hauswand: *Mas/clus / perm/ isitna/to tra/n(scribere versum...)* – „Masclus hat seinem Sohn erlaubt zu schreiben ...". Der Text, der in den Wandverputz eines Gutshof-Wohnhauses in Wagen (St. Gallen) eingeritzt wurde, ist unvollendet; die Inschrift bricht mitten im Wort ab. Wurde der Schreiber etwa erwischt?

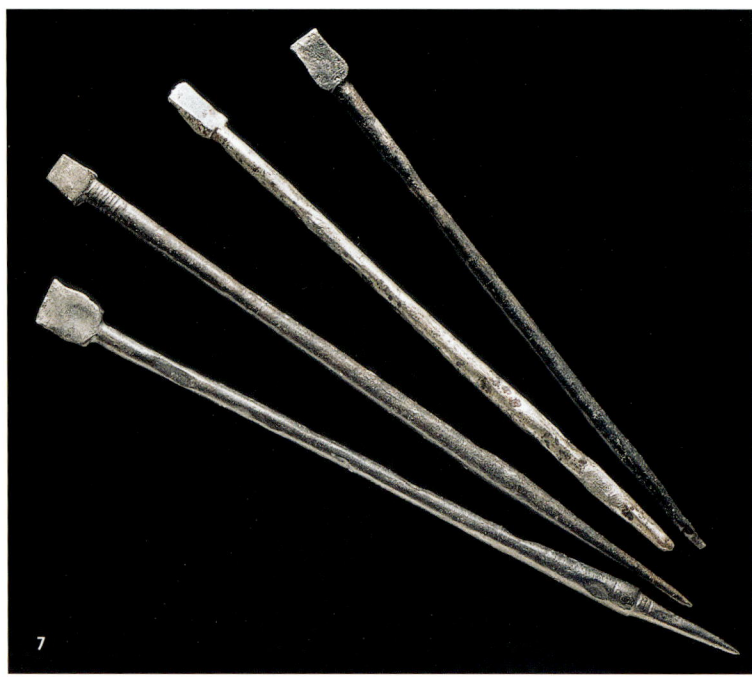

7

kleinen Anhänger besonders gut, weil die eingeritzten Informationen später durch Flachhämmern entfernt und das Stück somit erneut verwendet werden konnte. Ebenfalls im antiken Handelswesen weit verbreitet waren Brennstempel, mit denen man alle möglichen Sachgüter, aber auch lebendes Vieh als Eigentum kennzeichnete. Nicht minder wichtig waren Brennstempel im innerrömischen Zollwesen, wo abgefertigte Waren von den Behörden entsprechend signiert werden mussten.

Bücher in der heutigen Form kannte die Antike nicht; längere Texte auf Papyrus oder Pergament pflegte man zu rollen.

7 Römische Schreibgriffel

meist aus Eisen sehr einfach und schmucklos gestaltet, finden sich bei Ausgrabungen verhältnismäßig häufig. Charakteristisch sind jeweils ein spitz auslaufendes Ende zum Einritzen der Buchstaben sowie ein breit auslaufendes Ende zum Glätten des Wachses bei nötigen Textkorrekturen.

8 Redende Schreibwerkzeuge:

Manchmal finden sich stili mit Inschriften, deren Inhalt sich direkt an den Schreiber wendet: So ist z.B. auf dem vierseitigen Schaft eines in Rouffach (Elsass) gefundenen Schreibgriffels folgende Inschrift zu lesen: *Amori / ars mea / cum studio / procedet*, was wörtlich übersetzt heißt: „Meine Fähigkeit, gepaart mit Eifer, bringt die Liebe voran". Der Stift spricht also zu dem Schreiben-

den: „Mit den Briefen, die ich (d.h. der Stift) schreibe, machst du Fortschritte in der Liebe".

9 Zeichnerische Darstellung

eines hölzernen dreiteiligen Schreibtäfelchens (so genanntes *triptychon*). Die Texte auf den Innenseiten konnten durch Zusammenbinden der Täfelchen mit einer Schnur und anschließender Versiegelung auf der Außenseite vor Manipulation

dauerhaft geschützt werden. Bei wichtigen Urkunden beeideten auf der Außenseite sieben namentlich genannte Zeugen mit ihrem Siegel deren ordnungsgemäßen Verschluss – das sprichwörtliche „Buch mit sieben Siegeln". Auf der anderen Außenseite befand sich eine Abschrift des Innentextes. Kamen Zweifel an dessen Authentizität auf, dann konnte die Versiegelung aufgebrochen und beide Texte miteinander verglichen werden.

8

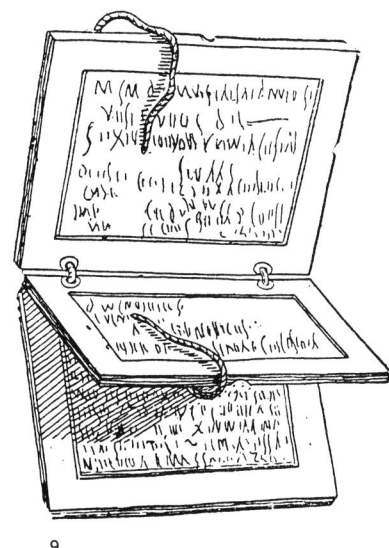

9

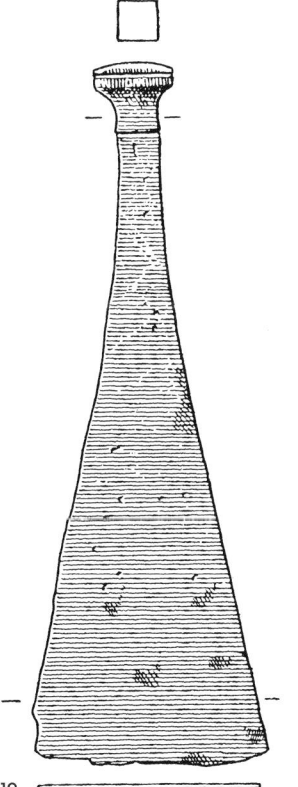

10

11

10 Wachsspachtel

Umzeichnung eines eisernen Wachs-
spachtels, mit dem man das (erwärmte)
Wachs der Schreibflächen bei Wiederverwendung glättete.

11 Beschreibstoff Papyrus:

Brief des in Italien stationierten Flotten-
soldaten Apion an seinen Vater in
Ägypten. Der in Griechisch abgefasste
Text berichtet u. a. von der glücklich

12

12 Beschreibstoff Ton:
Ostrakon mit offizieller militärischer Tagesmeldung einer Kastellbesatzung in Bu Njem am Saharalimes in Libyen (s. Kap. 5). Die mit Tinte verfasste Auflistung in lateinischer Sprache überliefert, dass die Garnisonsstärke am 29. September eines nicht näher genannten Jahres (um die Mitte des 3. Jh. n. Chr.) insgesamt 59 Soldaten betrug, darunter 9 Reiter (*equites*) und ein Leutnant (*optio*). Ein Soldat war zum Wasserholen für das Badegebäude eingesetzt (*ad aqua balnei*), einer war zur Bewachung der Feldzeichen eingeteilt (*ad signas*), ein weiterer Mann stand am Tor Wache (*ad porta(m)*).

14

14 Eiserne Schreibfeder
Der zugehörige hölzerne Schaft ist nicht erhalten.

15

15 Eiserner Brennstempel des Statthalters?
Der mit den Buchstaben *M. C. / COS* versehene Stempel aus Güglingen, Kreis Heilbronn, gehörte offenbar einem Mann mit den Initialen M. C. Ob das Kürzel *COS* in der zweiten Zeile ebenfalls zum Namen des Besitzers gehörte, ist nicht sicher. Denkbar ist auch eine Auflösung zu *CO(n)S(ularis)* – in diesem Fall hätte die betreffende Person einmal das römische Konsulat bekleidet gehabt, eine Ehrenstellung, die nur der höchste Repräsentant Roms in der Provinz – der Statthalter – inne hatte.

überstandenen Überfahrt des Rekruten zum Flottenstützpunkt in Misenum, wo dieser nach seiner Ankunft drei Goldstücke als Reisegeld erhielt. Apion teilt außerdem mit, dass er hoffe, aufgrund seiner guten Erziehung beim Militär bald Karriere zu machen – und dass er nun den römischen Namen Antonius Maximus trage. Die Umbenennung von jungen Soldaten beim Eintritt in die römische Armee kam häufiger vor; vor allem dann, wenn diese einen einheimischen (= unrömischen) Namen trugen (s. Kap. 7).

13

13 Römisches Tintenfass aus Terra Sigillata
Die Antike kannte verschiedene Arten von Tinte: Am weitesten verbreitet war wohl die so genannte Rußtinte, deren Herstellung von Vitruv (lib. VII, 10.2) beschrieben wird.

Guten Morgen –
Sorry – du hast so gut geschlafen!!
Bin im Laden
dein Boyfriend wartet unten
hoffentlich seh'n in du liebta

Küsse dir A.
♡ ♡ ♡ ♡ ♡ ♡ ♡ ♡ ♡ ♡

ZIMMER+ROHDE

ZR

Blei mit Tintenschrift

von Lothar Schwinden

Abb. 16 und 17. Fundort: Trier, Feldstraße. Gefunden 1993.
Blei. Maße: Breite 2,8 cm. Höhe 2,3 – 2,5 cm. Dicke maximal 4 mm. Buchstabenhöhe bis 3 mm.

Auf eine gerahmte, ca. 1 mm tiefer liegende, geglättete Schreibfläche ist mit Tinte die Schrift in sorgfältiger Capitalis aufgetragen. Ringsum über alle vier Seiten zieht sich ein rauer Rahmen; die Ecken weisen Spuren für umfassende Krampen auf.

16

Die Inschriftfläche ist durch vier Hiebe mit einem spitzen Gegenstand beschädigt. Die meisten der waagerechten Rillen sind älter als die Beschriftung. Die Tintenschrift ist trotz der Beschädigungen eindeutig als ein Name zu lesen: *RVSTICVS*. Der erste Buchstabe, der nicht sicher als R festzustellen ist, befindet sich zu einem guten Teil noch unter einer Schicht des Bleioxydes.

Der Wert des hiermit erhaltenen Zeugnisses liegt nicht im überlieferten Inhalt sondern darin, dass der seltene Fall einer Tintenschrift auf Blei erhalten ist.

17

Wilhelm Schubart, einer der großen alten Kenner des griechischen und lateinischen Schreibens, bemerkte, dass Bleibleche nicht allein als Beschreibstoffe durch Einritzen genutzt wurden, sondern auch durch Beschreiben mit Tinte. Denkbar ist, dass dazu auch gelegentlich bereits Bleche gewählt wurden, die durch Oxydation mit einer weißen Schicht überzogen waren, obwohl die dadurch angeraute Bleioberfläche sicher das Beschreiben erschwert hat.

Eine ursprüngliche Beschriftung mit Tinte mag auch die bislang rätselhaften Funde glatter, anscheinend unbeschrifteter Bleibleche in engster Vergesellschaftung mit Graffitiblechen erklären. Aus dem Trierer Amphitheater, aus dem Isis-Tempelbezirk in Mainz oder aus dem Tempel der Sulis Minerva in Bath (GB) sind neben den durch Einritzungen beschrifteten Verfluchungen (defixiones) unbeschriftete Bleitäfelchen gefunden worden (z. B. Abb. 114). Bislang war es allgemeine Ansicht, dass die letzteren lediglich wegen ihres Materialcharakters mit einer vorgeschriebenen Praxis als Defixiones niedergebracht worden seien. Jetzt ist davon auszugehen, dass auch diese Bleibleche ursprünglich einmal mit Tinte beschrieben waren. Wir verfügen parallel dazu auch über „unbeschriftete" Bleietiketten. Die ungünstigeren Bedingungen von Klima und Boden allein haben den Nachweis von Tintenschrift auf Blei in unseren Regionen verhindert.

Literatur: W. Schubart, Das Buch bei den Griechen und Römern (Berlin, Leipzig ²1921) S. 28.

3.
Kritzeleien und Abkürzungen –
wie entziffere ich sie?

*Romans go home

Die Erfahrung, dass Handschriften mehr oder weniger gut lesbar sein können, hat jeder schon gemacht. Die Schreibschrift der römischen Kaiserzeit bestand aus Großbuchstaben (Majuskeln). Um Zeit und Platz zu sparen, wurden diese oft abstrahiert, z. B. II für E oder stenografieartig miteinander verbunden (so genannte Ligaturen). Verschiedene Buchstaben können bei flüchtiger bzw. geübter Schreibweise gleich aussehen und miteinander verwechselt werden. Kleinbuchstaben (Minuskeln) wurden als eine Art praktikable Kurzschrift erst während der Spätantike (ab dem späteren 3. Jh.) aus den Großbuchstaben entwickelt (s. Abb. 70).

Die Kunst der Entzifferung (Paläografie) gründet auf guten Kenntnissen der alten Sprachen, da für manche Buchstabenabfolgen nur bestimmte Wort- und Sinnzusammenhänge infrage kommen, auf der Kenntnis gängiger antiker Abkürzungen, umfangreichem Vergleichsmaterial, wissenschaftlicher Hartnäckigkeit und natürlich auf Erfahrung. Sehr viel eher als in offiziellen Schriftdokumenten, z. B. Steindenkmälern, stößt man bei Graffiti und anderen „Kleininschriften" auf umgangs- oder dialektsprachliche Elemente – Fehlerchen im Sinne des klassischen Lateins. Häufig wurden E und I verwechselt, die man offenbar ähnlich aussprach, anlautendes H entfiel oft (z. B. *Ilarus* für *Hilarus*), Doppelkonsonanten vereinfachte man gerne (Haplografie), um nur die geläufigsten Beispiele anzuführen.

Einfache Hilfsmittel wie Lupe, Binokular und gute Beleuchtung sind bei der Entzifferung unentbehrlich. Im Streiflicht lässt sich manch schlecht erhaltene Einritzung sichtbar machen. Als hilfreich erweisen sich bisweilen auch Bleistiftabriebe oder Gipsabgüsse, wodurch störende Farbchangements etwa der Patina nivelliert werden, und feine Einritzungen optisch besser hervortreten können.

Heute wird der Paläograf auch durch technische Verfahren wie Scanen, Infrarot- und Röntgenaufnahmen oder Computertomografie (CT) unterstützt. Bei den beiden zuletzt genannten Verfahren spielt die physische Dichte des Trägermaterials der Inschrift eine entscheidende Rolle. Dicke, gut erhaltene Metallobjekte sind dafür weniger geeignet als organische Materialien oder stark korrodierte Metallbleche, deren Oxidationsprodukte für Röntgenstrahlen nicht nur leichter durchdingbar sind, sondern am Monitor auch optisch ausgeblendet werden können, sodass die von der Korrosion verdeckten Einritzungen im CT-Bild schärfer kontrastieren.

Im Gegensatz zu öffentlichen Steindenkmälern, deren Texte in der Regel sowohl klar lesbar sind als auch durch standardisierte Formulare ergänzbar, stößt die Entschlüsselung der oft sehr individuell gestalteten und willkürlich abgekürzten, da nur für einen kleinen „Leserkreis" im nächsten sozialen Umfeld des Schreibers konzipierten „Kleininschriften" immer wieder an Grenzen. Etliche Stücke verharren unentziffert oder bezüglich ihrer inhaltlichen Deutung umstritten (z. B. Abb. 4 und 27). Wie ist etwa der gut lesbare Graffito *TPS* auf einer Sigillatascherbe des späten 1. Jh. n. Chr. zu verstehen, der im Reiterkastell NIDA-Heddernheim (Frankfurt a. M.) gefunden wurde: Kürzte er den dreigliedrigen Besitzernamen (s. Kap. 7) eines Bürgersoldaten *T(itus) P(...) S(...)* der zeitweise für diesen Standort bezeugten *cohors XXXII Voluntariorum civium Romanorum* ab oder eine militärische Besitzerinschrift der dort längerfristig stationierten Reitereinheit: *t(urma) P(...) S(...)* („Soldat S... aus der Schwadron des P...")?

	Pinselaufschriften	Wachstafeln	feuchter Ton	gebrannter Ton, Stein	Blei	Wandverputz
A						
B						
C						
D						
E						
F						
G						
H						
I						
K						
L						
M						
N						
O						
P						
Q						
R						
S						
T						
V						
X						
Y						
Z						

18

18 Buchstaben – so individuell wie ihre Schreiber

Die Härte des Schreibuntergrundes bestimmte die Form der darin eingeritzten Buchstaben ebenso wie die individuelle (Sorgfalt der) Handschrift. Buchstaben mit Rundungen (B, C, D, G, O, P, Q, R und S) wurden oft abstrahiert und sehen sich bisweilen zum Verwechseln ähnlich.

19 Beispiele für Ligaturen

20 Liebe mich!

Kleine Fibel mit Liebesinschrift aus Ehingen-Rißtissen an der Donau: *Spes amor(is), si me amas* – „Meine Hoffnung besteht in der Liebe, wenn du mich liebst". Die Gestalt der Fibel als M beinhaltet

	AB		MAR
	AE		MAR
	AN		NA
	ANT		ND
	ATT		ND
	AVL		ON
	BO		PH
	BR		PL
	BVS		TINI
	ES		-VS
	FR		-VS
			-VS
	IN		VE
	MA		VA

19

eine für den antiken Menschen wohl unmissverständliche Aufforderung, denn M ist eine Zusammenziehung der Buchstaben AMA – „Liebe (mich)!" – und damit die kürzeste und aussagekräftigste Ligatur überhaupt. M begegnet als häufiger Einzelbuchstaben unter den Graffiti auf verschiedenen Materialien.

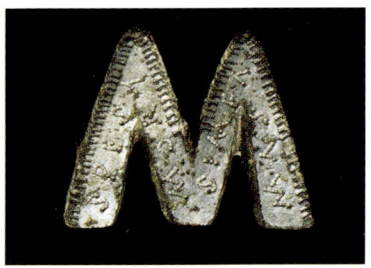

20

21

21–23 Deutschlands älteste Quittung

Bruchstück eines hölzernen Schreibtäfelchens aus Weißtanne mit Tintenschrift (Eisengallustinte): *Mogontiaci A(?) V(?) akippi / ✳(denarios) ducentos (?) nonis / Aprilibus Catull/ino et Apro co(n)s(ulibus) / ⋯ –* „In Mainz, in A(?) v(ico?), habe ich erhalten 200 (?) Denare an den Nonen des April als *Catullinus* und *Aper* Konsuln waren (= 5. April 130 n.Chr.) ---“.
Nur etwa ein Drittel des Täfelchens ist erhalten. Auf dem verlorenen Rest standen vermutlich die Namen der beteiligten Personen und evtl. weitere Angaben, z.B. zum Gegenstand der Zahlung – oder handelte es sich um einen Kredit? Wie an den Randleisten erkennbar, war der Schriftträger ursprünglich als Wachstäfelchen hergestellt worden, der in Zweitverwendung vermutlich als Warenanhänger diente. Davon zeugt der Rest eines (Besitzer-)Brandstempels *M(arcus?).[---]*. Der Quittungstext wäre demnach die dritte und letzte Verwendung gewesen.

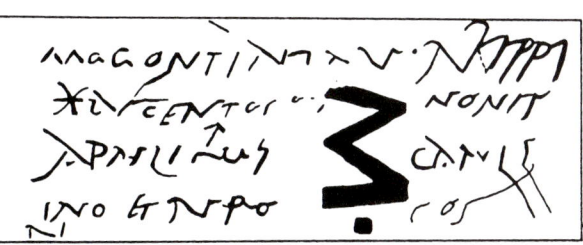

22

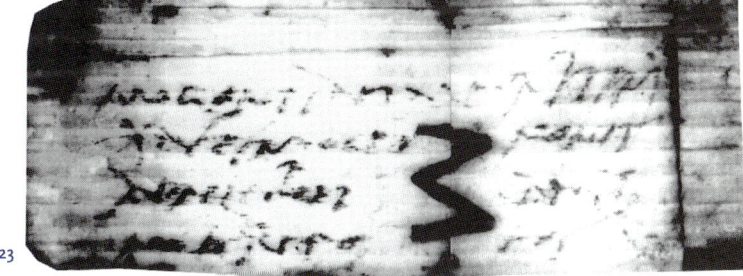

23

Die Urkunde hat sich im Grundwasserbereich eines Brunnens im vicus von Hanau-Salisberg erhalten.

21/23 Wie Kriminalisten

Zwei Aufnahmen derselben Urkunde: ein normales Foto der Quittung aus Hanau und eine Infrarotaufnahme des Hessischen Landeskriminalamtes. Auf beiden Stücken sind verschiedene Textpassagen unterschiedlich gut zu erkennen.

24

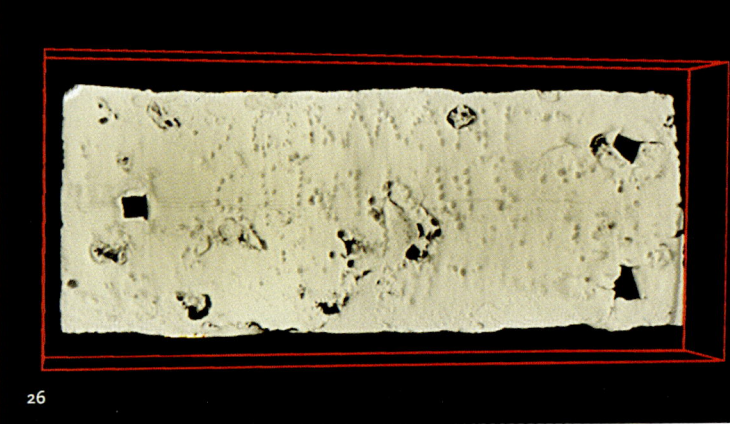

26

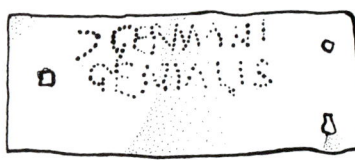

25

24–26 Entzifferung eines bronzenen Besitzermärkchens

aus dem vicus von Hanau-Salisberg mit der Inschrift >(centuria) Germani / Genialis – „(Besitz des Soldaten) Genialis aus der Centurie des Germanus". Die aus fein eingestanzten Punkten bestehenden Buchstaben sind durch Korrosionsverluste auch nach der Restaurierung mit bloßem Auge nur schwer erkennbar.

24 Fotoaufnahme im Schräglicht.
Die Schriftzeichen sind zur Verdeutlichung mit roter Farbe hervorgehoben.

25 Umzeichnung
anhand einer vergrößerten Fotovorlage und nach Begutachtung mit dem Binokular.

26 Computertomografische
3D-Röntgenaufnahme durch die FH Aalen, Arbeitsgemeinschaft Metallguss (Dr. I. Pfeifer-Schäller).

27 Sprüche (?) aus Rheinzabern

Die Kunst der Entzifferung besteht nicht nur in der Sichtbarmachung und Transskription von Textstellen, sondern auch in deren Interpretation. Ein Beispiel: In die Außenwand eines Terra Sigillata-Tellers (Fehlbrand vom Rheinzaberner Töpfereiareal) sind Graffiti nach Art der so genannten „Töpferrechnungen" (s. Abb. 83) vor dem Brand eingeritzt worden (3. Jh.). Die Wortfolgen lassen sich zwar recht gut lesen, ein Sinnzusammenhang erschließt sich auf Anhieb jedoch nicht. Es handelt sich jedenfalls nicht um eine die Keramikproduktion betreffende Aufzeichnung.

Eine radiale Ritzfurche trennt zwei Schriftfelder. Links steht [---]res curumas – „... Hitzköpfe (Schimpfwort)", die rechten vier Zeilen stammen von mindestens drei verschiedenen Schreibern: dulcio tabuis (überschrieben: coc...? Statt dulcio ließe sich auch dorio lesen) – „du bist dahingeschmolzen wie Zuckerwerk" / am(a)t me bovis – „es liebt mich ein Rindvieh (Schimpfwort?)" / vir memo(rabilis?) in Gallia – „ein berühmter Mann in Gallien?" / misit mi(hi) mun(i)s anel[lum?] – „... schickte mir bereitwillig ein Ringlein?". Hier sind wir mit unserem Latein sprichwörtlich am Ende – möge sich ein glücklicherer Lektor finden!

27

4.
Vorsicht Fälschung!

28

Schon in der Antike war Urkundenfälschung ein weit verbreitetes Übel. Nach dem Gesetz verjährte der Straftatbestand erst nach 20 Jahren (Codex Iustiniani 9.22.6). Besonders begehrt und daher häufig gefälscht wurden z.B. Berechtigungsschreiben zur kostenlosen Benutzung der staatlichen Postkutschen. Nicht minder häufig wurde im antiken Handelswesen „Etikettenschwindel" betrieben:
So veränderte man z.B. gerne die Konsulangaben auf Weinamphoren, um den Inhalt auf diese Weise älter (und damit teurer) zu machen. Nachrichten über antike Urkundenfälschungen aller Art gibt es reichlich, wobei man auch die individuellen Handschriften professionell imitierte. Der römische Kaiser Titus soll sich sogar einmal gerühmt haben, er hätte der größte Fälscher sein können, so geschickt habe er Handschriften nachzumachen verstanden (Sueton, Titus 3).

28 Der Deutsche Kaiser Wilhelm II. beim Besuch auf der Saalburg; rechts verneigt sich mit gezogenem Zylinder Louis Jacobi, der ab 1907 erster Direktor der Saalburg war.

NEUZEITLICHE UND MODERNE FÄLSCHUNGEN: GESCHICHTE WIRD „GEMACHT"

Moderne Fälschungen finden sich nicht nur bei bedeutenden Kunstwerken oder teuren Handschriften;

auch antike Ritzinschriften wurden (und werden) gelegentlich imitiert. Entsprechende Fälschungen gehen manchmal auf Streiche von Grabungsteilnehmern mit mehr oder weniger guten Lateinkenntnissen zurück; oft steht der Wunsch nach dem Nachweis von antiken Ortsnamen, bestimmten historischen Ereignissen o. Ä. hinter den Fälschungen.

Hier sind besonders jene Graffitifälschungen zu erwähnen, die ab etwa 1880 während der Ausgrabungen im Römerkastell Saalburg von offizieller Seite vorgenommen wurden. Damals suchten nicht nur adelige Urlaubsgesellschaften aus der nahen Kurstadt Bad Homburg, sondern auch der Deutsche Kaiser Wilhelm II. die Grabungsstätte wiederholt auf. Bei solchen Besuchen war man natürlich bestrebt, besonders interessante Fundstücke „zufällig" zu entdecken. So wurden damals auf römischen Scherben Aufsehen erregende Ritzinschriften angebracht, die z.B. Angehörige des römischen Kaiserhauses nennen. Die Saalburg-Fälschungen sind heute allein schon wegen ihrer völlig kuriosen Inhalte leicht als neuzeitliche Nachahmungen zu entlarven. Nicht immer lässt sich jedoch die Frage nach der antiken Echtheit eines Graffitos zweifelsfrei entscheiden.

29

30

29 Graffiti-Fälschung für den Deutschen Kaiser (1):
Fragment einer Terra Sigillata-Schüssel mit den Namen der römischen Kaiser Augustus, Antoninus Pius und Marc(us) Aurelius.

30 Graffiti-Fälschung für den Deutschen Kaiser (2):
Fragment einer Reibschale mit Nennung der Lucilla, Tochter des Marc Aurel, und „Münzportrait".

31 Graffiti-Fälschung für den Deutschen Kaiser (3):
Randscherbe einer Reibschale mit Erwähnung eines *castellum S[---]*; gemeint ist offenkundig das Saalburgkastell.

31

34 Die Handschrift

eines weltberühmten Künstlers? Der Athener Phidias (ca. 460–430 v. Chr.) war einer der berühmtesten Bildhauer der Antike. Er schuf u.a. die Kolossalstatue für den Zeustempel in Olympia, eines der sieben Weltwunder. Bei den deutschen Ausgrabungen in der mutmaßlichen Werkstatt des Künstlers in Olympia soll dieser Tonbecher gefunden worden sein, der auf seiner Standfläche die Einritzung ΦΕΙΔΙΟ ΕΙΜΙ – „Ich gehöre Phidias" trägt. Nicht nachvollziehbare Fundumstände sowie unsichere Analyseergebnisse der Ablagerungen in den Ritzfurchen geben Anlass zu Zweifeln an dem „Sensationsfund". Der Gelehrtenstreit über seine Echtheit dauert an.

32

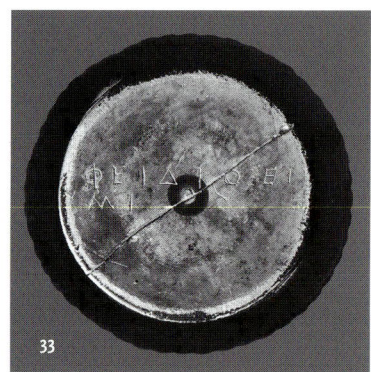

33

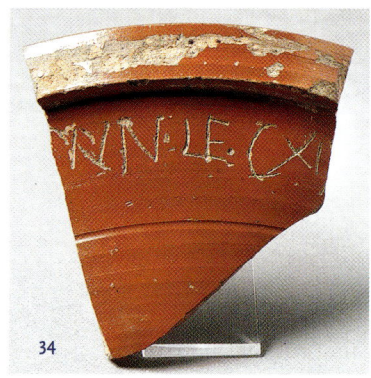

34

32 Graffiti-Fälschung
für den Deutschen Kaiser (4):

Fragment einer Reibschale mit eingeritzter Landkarte des Taunuslimes: Die Wachttürme sind mit den Nummern I-V versehen; das mit *Halic* bezeichnete Lager stellt das Feldbergkastell dar – das Lager der Kundschaftereinheit *exploratio Halicanensium*. An der linken Bruchkante ist der moderne Stadtname „Mainz" zu lesen – anstatt der antiken Bezeichnung *Mogontiacum*!

33 Nach wie vor umstritten

ist die Echtheit der Besitzerinschrift auf einer in Köln gefundenen Terra Sigillata-Scherbe [---] *prin(ceps) leg(ionis) XIX* – „[---] Centurio der 19. Legion". Die erwähnte Legion ging in der Varusschlacht unter; ob sich Soldaten dieser Truppe zuvor in Köln aufgehalten haben, bleibt – auch wegen der andauernden Diskussion um die Authentizität der vorliegenden Ritzinschrift – vorerst ungeklärt. Neuere Arbeiten gehen jedoch von der Echtheit des Stückes aus.

5.
Der römische Soldat und die Verbreitung der Schrift

35

Die Römische Armee ist ohne Schrift nicht denkbar: Soldabrechnungen, Urlaubsanträge, Krankmeldungen, Verzeichnisse und Listen über Waffenbestände oder eingegangene Nachschublieferungen bestimmten das Alltagsleben im Lager. Außerdem wurde bei jeder Militäreinheit täglich ein ausführliches Protokoll angefertigt, in dem der aktuelle Personalstand der Truppe bis hin zu einzelnen Abkommandierungen exakt vermerkt wurde. Obwohl die römischen Soldaten fast in allen Bereichen des täglichen Dienstes mit Schrift konfrontiert wurden, konnten bei weitem nicht alle Militärangehörigen Lesen und Schreiben. Gerade bei den einfachen Soldaten gab es offenbar einen nicht unbeträchtlichen Anteil an Analphabeten. Dennoch spielte die Römische Armee bei der Verbreitung der Schrift in den Grenzprovinzen eine zentrale Rolle, zumal es vielfältige Verbindungen und Beziehungen vom Militär zur Zivilbevölkerung gab.

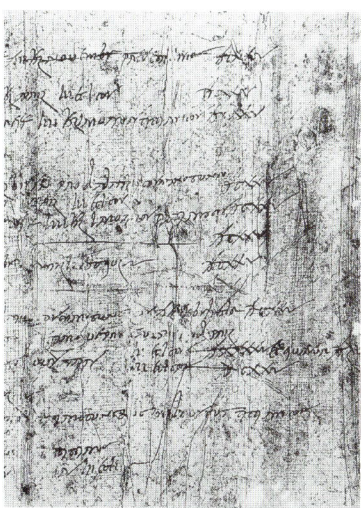

36

35 Personalmeldung

der 1. Hispanischen Kohorte vom Anfang des 2. Jh. n. Chr. Die Papyrusurkunde mit der noch deutlich lesbaren Tintenschrift listet für den 31. Dezember in lateinischer Sprache eine Ist-Stärke von insgesamt 546 Soldaten auf, darunter 6 Centurionen, 4 Decurionen und 119 Reiter. Kurze Zeit später stieg dann der Personalstand der Truppe auf 596 Mann; ein Teil der Soldaten hielt sich jedoch nicht direkt bei der Einheit auf: Im Text werden u.a. nach Gallien zum Mantelkauf abkommandierte Soldaten erwähnt, einige Reiter eskortierten Getreideschiffe, wieder andere besetzten militärische Außenposten. Auch beim Stab des Statthalters versahen einige Soldaten der *cohors I Hispanorum veterana* ihren Dienst. Außerdem nahmen an einem nicht näher genannten Feldzug mindestens 23 Reiter teil. Zu diesen vorübergehenden Außeneinsätzen kamen schließlich noch die dauerhaften Personalabgänge: So wurde etwa ein Soldat auf Anweisung des Statthalters zur Flotte, ein weiterer in das Heer der Provinz Pannonien versetzt. Auch Unglücksfälle dezimierten den Personalstand der Kohorte – der vorliegende Papyrus berichtet von einem Reiter, der von Räubern erschlagen wurde und von einem weiteren Soldaten, der ertrank.

36 Nur bedingt einsatzfähig –

Erschreckende Ergebnisse eines Vollzähligkeits-Appells bei den Reitern der 20. Palmyrenerkohorte am Euphrat. Das Dokument aus dem Jahr 251 n. Chr. listet, mit genauer Beschreibung, die Reitpferde der bei der *cohors XX Palmyrenorum* in Dura Europos dienenden Kavalleristen auf. Genannt werden jeweils der Name des Reiters, das Alter des Pferdes, dessen Farbe, besondere Kennzeichen bzw. das Vorhandensein eines Brandzeichens sowie der Name des Statthalters, der das Pferd beim Kauf „gemustert" hatte. Bei rund einem Drittel der Reiter findet sich anstatt einer näheren Beschreibung des zugehörigen Pferdes der lapidare Zusatz *amisit* – „verloren".

37

37 Offizielle Tagesmeldung

einer Kastellbesatzung – auf einer Scherbe. Das im Lager von Bu Njem am Saharalimes gefundene Ostrakon überliefert für den 24. Dezember eines unbekannten Jahres (Mitte 3. Jh.n.Chr.) die Anwesenheit von insgesamt 57 Soldaten, darunter u.a. einen Schreibstubengefreiten (*librarius*), einen Leutnant (*optio*) und 8 Reiter. Auf der Scherbe ist außerdem vermerkt, dass der Ausguck und das Lagertor mit je einem Mann besetzt waren; ein weiterer Soldat war zum Dienst beim Kommandeur abgestellt.

38

39

40

(CH) schrieb: *[---] / si tandem feriatus, / quidquam vaco / castris ut a{c} cohorte / mi rescribas, u[t] / semper in mentem / (h)abes(!), ut mi / rescribas / ave, et opto / ut bene valeas* – „...endlich beurlaubt, bin ich vom Lager(leben) in jeder Hinsicht befreit. Schreibe mir doch bitte von der Kohorte, wie du (überhaupt) daran denken sollst, mir zu schreiben. Lebe wohl, und ich wünsche, es möge dir gut gehen." (Lesung und Übersetzung nach M. A. Speidel)

41 Kuhhandel

unter den Augen römischer Centurionen: Hölzernes Schreibtäfelchen aus Tolsum (NL) mit Vertragstext über den Kauf einer Kuh: *Gargilius Secundus n(ummis) / CXV a Stelo Reperii / Beeoso vil(l)a Lopetei / r(ite) ita uti l(iceat habere) bovem / emi teste Cesidio c(enturion)i / leg(ionis) V Muto Admeto / c(enturion)i leg(ionis) I r(edhibitio) i(us) c(ivile) a(bsunto). Emtum / C. Fuufio Gn. Min / icio c(onsulibus) V id(us) S[eptembres t]r(adi) pr(omiserunt) Lilus / Duerretus vet(erani).*
„Ich, Gargilius Secundus, habe für 115 Sesterzen von Stelus Beeosus, Sohn des Reperius, auf der Villa des Lopeteius – nach üblicher Sitte, wie sich's gehört – ein Rind gekauft, unter Gegenwart der Zeugen Cestius, Centurio der 5. Legion und Mutus Admetus, Centurio der 1. Legion. Das ius civile (= römische Recht) gilt nicht. Gekauft fünf Tage vor den Iden des September, als Caius Fufius und Gnaeus Minicius Konsuln waren (= 29 n. Chr.?). Die Veteranen Lilus und Duerretus haben versprochen (das Rind) zu liefern". Die datierende Konsulatsangabe ist fehlerhaft, da C. Fufius Geminus sein einziges Konsulat 29 n.Chr. mit L. Rubellius Geminus als Kollegen bekleidete. Eine

38 Soldquittung eines Reiters in Vindonissa (CH):

Asinio Ce[l]ere Non[io] co(n)s(ulibus) XI k(alendas) / Aug(ustas) s(upra) s(criptus) Clua eq(ues) Raetor(um) / tur(ma) Albi(i) Pudentis, ac(c)epi ✳ (denarios) L / [e]t stipendi proximi ✳ (denarios) LXXV – „Am 22. Juli des Jahres, als Asinius Celer und Nonius (Quintilianus) Konsuln waren (= 38 n.Chr.). Ich, der oben genannte Clua, Reiter der Raeter in der Schwadron des Albius Pudens, habe 50 Denare erhalten und als nächsten Sold 75 Denare" (Lesung und Übersetzung nach M. A. Speidel).

39 Militärische Anforderung

von genagelten Schuhen auf einem hölzernen Schreibtäfelchen-Fragment aus Vindonissa (CH): *Soleas clavatas fac mittas / nobis, ut abeamus. Cum veniemus / [---]* – „Schicke uns schleunigst Nagelschuhe, damit wir abmarschieren können! Sobald wir ankommen ..." (Lesung und Übersetzung nach M. A. Speidel).

40 Heimweh nach dem Lager!

Textfragment eines Briefes, den ein im Urlaub befindlicher Soldat an seinen Kameraden im Legionslager Vindonissa

14C-Analyse des Täfelchens bestätig-
te jedoch ein Alter von 1880 plusminus
70 Jahren vor heute.

42 Brief des Germanen Chrauttius

an seinen Bruder Veldeius beim Stab des
Statthalters in London. Chrauttius, der im
Kastell Vindolanda am Hadrianswall sta-
tioniert war, beklagt sich darin u.a., dass
der Bruder sich schon lange nicht mehr
bei ihm gemeldet habe und erkundigt sich,
ob dieser mal wieder etwas von den El-
tern gehört habe. Ferner soll der Adressat
des Briefes einen Tierarzt namens Virilis
grüßen und diesen fragen, ob er – gegen
Bezahlung – ein paar Schafscheren schicken könne. Außerdem soll Veldeius die
gemeinsame Schwester Thuttena grüßen.

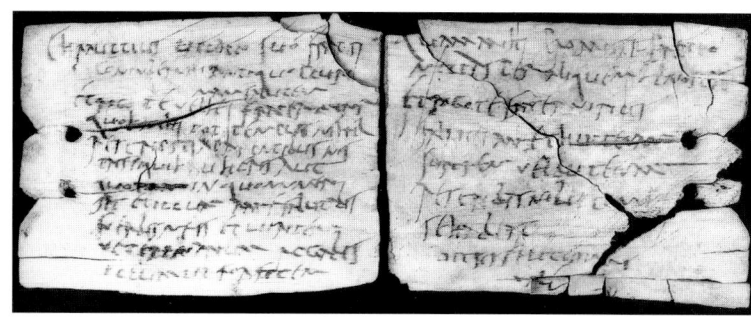

42

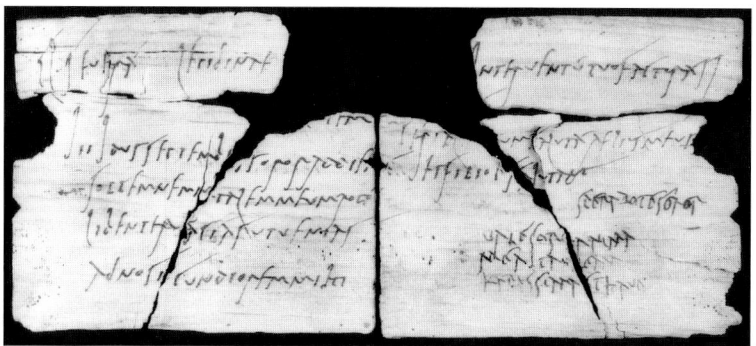

43

43 Einladung zur Geburtstagsfeier.

Die Gattin des Kohortenkommandeurs in
Vindolanda am Hadrianswall, Sulpicia
Lepidina, wird von ihrer Freundin Claudia
Severa zu deren Geburtstag am 11. Sep-
tember eingeladen. Text der linken Tafel:

Cl(audia) Severa Lepidinae [suae sa]l[u]-
tem] / III idus septembr[e]s soror ad diem
/ sollemnem natalem meum rogo / libenter
facias ut venias / ad nos iucundiorem mihi.
Text der rechten Tafel: [diem] interventu
tuo factura si / [---] / Cerial[em t]uum sa-
luta Aelius meus / et filiolus salutant /
sperabo te soror / vale soror anima / mea
ita valeam / karissima et haue. – „Claudia
Severa grüßt ihre Lepidina! Am 11. September, Schwester, an meinem Geburtstag, lade ich dich ganz herzlich ein zu
kommen, um mir den Tag durch deine
Gegenwart noch schöner zu machen.
Grüße mir auch deinen (Mann) Cerialis!
Mein (Mann) Aelius und mein kleines
Söhnchen senden ebenfalls beste Grüße.
Ich erwarte dich, Schwester. Lebe wohl,
meine teuerste Seele – ich hoffe, es geht
dir gut. Sei herzlich gegrüßt!"

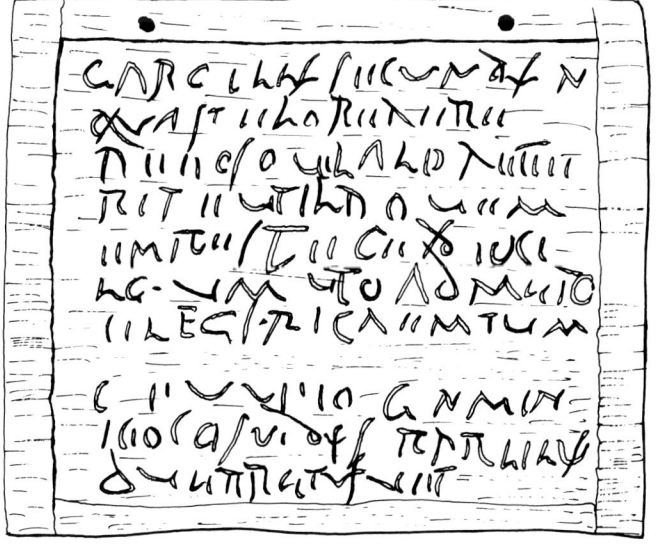

41

6.
Ordnung muss sein!
Die Kennzeichnung militärischer Ausrüstungsgegenstände in der Römischen Armee

In der Mittleren Kaiserzeit zählte die Römische Armee durchschnittlich rund 300.000 Mann. Deren Ausrüstung und Waffen waren meist Massenprodukte, sodass sich Helme, Panzer, Schilde, Dolche usw. oftmals nur in kleinen Details voneinander unterschieden. Da die beengten Mannschaftsquartiere stets die Gefahr von Verwechslungen und auch von Diebstählen bargen, kennzeichneten viele Soldaten die persönliche Ausrüstung mit ihrem Namen – denn geklaut wurde auch bei der Römischen Armee. Manchmal finden sich auf Ausrüstungsgegenständen und Waffen auch die Namen mehrerer aufeinander folgender Besitzer; vor allem dann, wenn es sich um kostbare Paraderüstungsteile handelt.

Es gab innerhalb der Römischen Armee aber nicht nur persönlichen Besitz: Militärische Stubengemeinschaften, Unterabteilungen oder auch die gesamte Einheit waren ebenfalls im Besitz von Werkzeugen, Geräten, Wagen usw., wie entsprechende Inschriften zeigen. Alle diese Besitzmarkierungen bieten der Forschung wertvolle Informationen über die Verteilung von Truppeneinheiten und deren Nachschubversorgung.

Die hier vorgestellten Beispiele von Kennzeichnungen militärischer Ausrüstungsgegenstände decken allerdings nur einen Teil der ursprünglich vorhandenen Vielfalt an Markierungen ab – die in der Antike ebenso vorhandenen Besitzerinschriften auf organischen Materialien, wie z.B. Leder, Holz oder Stoff haben sich nur in Ausnahmefällen erhalten.

44

44 Eisernes Beil
mit Nackenstempel *COH II C* aus Heidelberg-Neuenheim. Das Werkzeug gehörte zum Gerätebestand der dort stationierten *cohors II Augusta Cyrenaica equitata*, einer 500 Mann starken, teilberittenen Truppe.

45 Schlüssel für eine Truppenkasse
aus dem Legionslager Neuss. Die auf beiden Seiten des Griffes angebrachten identischen Inschriften lauten *c(enturia) Bassi Claudi(i) / L(ucii) Fabi(i) sig(niferi)* –

„(Eigentum) des Feldzeichenträgers Lucius Fabius aus der Centurie des Bassus Claudius". Die Feldzeichenträger (*signiferi*) waren u.a. auch für die Truppenkasse und die Soldauszahlung ihrer jeweiligen Unterabteilung verantwortlich.

46 Bronzelot
aus dem Kastell Heftrich am Taunuslimes mit eingepunzter, nur schwer erkennbarer Besitzerinschrift *C(enturia) P(ublii) Romantini* – „(Eigentum) der Centurie des Publius Romantinus".

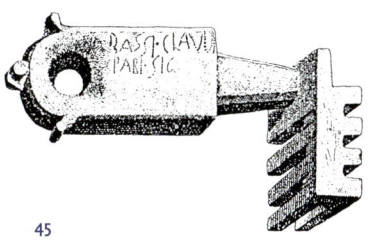

45

46

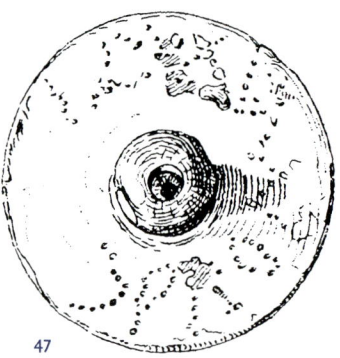

47

nicht in der Saalburg, sondern in Oberflor-
stadt am Wetteraulimes – etwa 25 km öst-
lich vom Fundort des Märchens entfernt.

49 In denselben historischen Kontext
wie das Besitzermärchen gehört auch
der eiserne Schildbuckel aus dem römischen Reiterkastell von Butzbach. Er trägt
die eingepunzte Inschrift *Imp(eratore)
Com(modo) Au(gusto) al(ae) Moe(sicae) /
t(urma) Placid(i) Firmi* – „Von Kaiser

47 Umzeichnung des Bronzelotes.

48 Waffenschenkungen
des Kaisers Commodus an loyales Militär?
Um das Jahr 185 n. Chr. kam es in der Provinz Obergermanien zu größeren Unruhen.
Angeführt von einem Deserteur namens
Maternus belagerten die Aufständischen
sogar die Legionsfestung in Straßburg, bevor es römischen Truppeneinheiten schließlich gelang, die Revolte niederzuschlagen.
Die daran beteiligten Soldaten scheinen
für ihr loyales Verhalten auf kaiserliche
Anordnung hin staatliche Waffen und Ausrüstungsgegenstände geschenkt bekom-
men zu haben. Darauf deuten zumindest
sieben Besitzermärchen und -inschriften
vom Wetterau- und Taunuslimes mit ent-
sprechendem Text hin. Das hier stellver-
tretend gezeigte kleine Besitzermärchen,
das im Saalburgkastell gefunden wurde,
trägt die eingepunzte Inschrift *Imp(eratore) Com(modo) Aug(usto) / coh(ortis)
XXXII Vol(untariorum) / c(enturiae) Vic-
to(ris?) Dasius / Masuri* – „Von Kaiser
Commodus (geschenkt), (Eigentum) des
Dasius Masurus aus der Centurie des
Victor, von der 32. Freiwilligenkohorte“.
An welchem Ausrüstungsgegenstand das
Märchen befestigt war, wissen wir nicht.
Die Garnison der 32. Kohorte befand sich

48

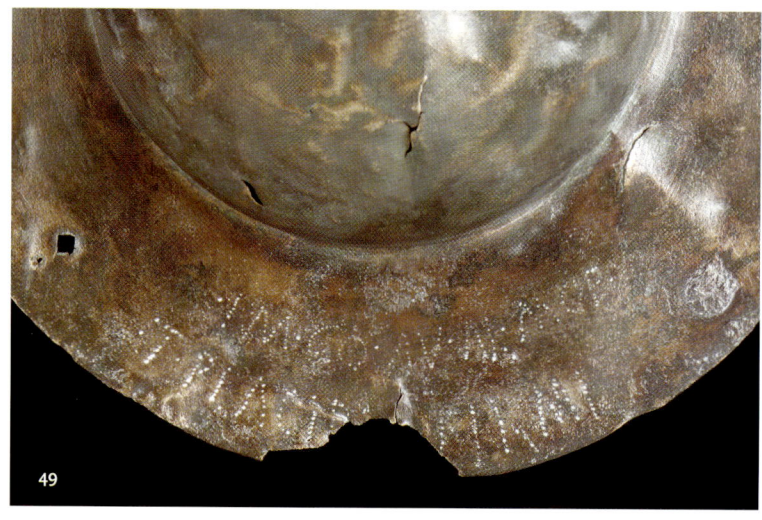

49

![Terra Sigillata-Schüssel]

51

52

Commodus (geschenkt), (Eigentum) des Firmus, aus der Schwadron des Placidus in der Ala Moesica".

50 Terra Sigillata-Schüssel

vom Kastell Zugmantel mit eingeritzter Besitzerinschrift *vessligiatorum* – „(Figentum) der Jäger". In der Römischen Armee war eine Anzahl von Tierfängern beschäftigt, um vor allem die Zirkusspiele in den Großstädten mit stetem Nachschub an wilden Tieren zu versorgen.

51 Eisenring (eines Wagens?)

mit eingeschlagenem Besitzvermerk *[leg(ionis)] XIIII* – „(Eigentum) der

14. Legion". Gefunden in einem Brunnen im Lagerdorf des Saalburgkastells; da die genannte Legion höchstwahrscheinlich im Jahr 97 n.Chr. vom Rhein an die Donau abkommandiert wurde, muss der Ring noch vor diesem Datum verloren worden sein.

52 Mühlsteinfragment

von der Saalburg mit Besitzerinschrift einer Stubengemeinschaft: *con(tubernii) Brittonis* – „(Eigentum) der Stubengemeinschaft des Britto". Die römischen Soldaten erhielten ihre Getreiderationen ungemahlen und mussten ihre Mahlzeiten selbst zubereiten.

53

54

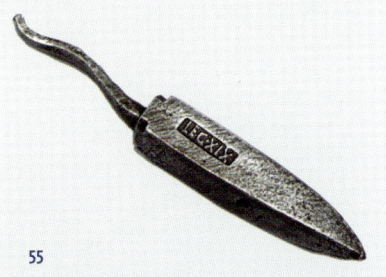

55

53 Eiserner Brennstempel

leg(ionis) XXII Ant(oninianae) aus Mainz.
Den Beinamen *Antoniniana* (= die An-
toninische) trug die 22. Legion nur in den
Jahren 212–222 n.Chr.

54 Kleines Bronzemärkchen

aus Nijmegen mit eingepunzter Besit-
zerinschrift: *l(egionis) X G(eminae) /
[C(enturia)] Cinnae / Amoni(i) / Iulli* –
„(Eigentum) des Amonius Iullus aus der
Centurie des Cinna, aus der 10. Legion
Gemina". Den Grabstein des hier er-
wähnten Centurionen Cinna hat man in
Carnuntum bei Wien gefunden, wo die
10. Legion zwischen 63–68 n.Chr. statio-
niert war.

55 Eiserner Geschossbolzen

eines Pfeilgeschützes aus dem Oberammergau mit Schlagmarke *leg(ionis) XIX*.
Die 19. Legion ging im Jahre 9 n.Chr. in
der Varusschlacht unter.

56

57

risch bekannten Plinius d. Ä. beziehen, der tatsächlich um die Mitte des 1. Jh. n. Chr. eine Reitereinheit beim niedergermanischen Heer kommandierte.

58 Kopfschutzplatte eines Pferdes

aus Eining. Das zur Paraderüstung eines römischen Reiters gehörende Stück war lange in Gebrauch – zumindest war es nacheinander im Besitz verschiedener Kavalleristen, wie die eingeritzten Namensgraffiti zeigen.

56 Bronzener Legionärshelm

aus Burlafingen mit drei eingepunzten Inschriften auf dem Nackenschirm. Inschrift A: *Leg(io) XVI* Inschrift B: *P(ublii) Aur(elii) Siri* Inschrift C: *c(enturia) Arabi M(arci) Munati*. Die zwei aufeinander folgenden Besitzer des Helmes dienten beide in der 16. Legion: Zuerst gehörte das Stück dem Soldaten Publius Aurelius Sirus, später dann dem Soldaten Marcus Munatius aus der Centurie des Arabus. Die 16. Legion wurde in den Jahren 70/71 n. Chr. von Kaiser Vespasian wegen unrühmlichen Verhaltens aufgelöst.

57 Pferdegeschirr-Beschlag

aus dem Besitz von Plinius d. Ä.? Die mit zwei weiteren Beschlägen in Xanten gefundene kostbare Phalere trägt die eingepunzte Besitzerinschrift *Plinio praefect(o)* – „(Eigentum) des Präfekten Plinius". Mit hoher Wahrscheinlichkeit lässt sich die vorliegende Inschrift auf den histo-

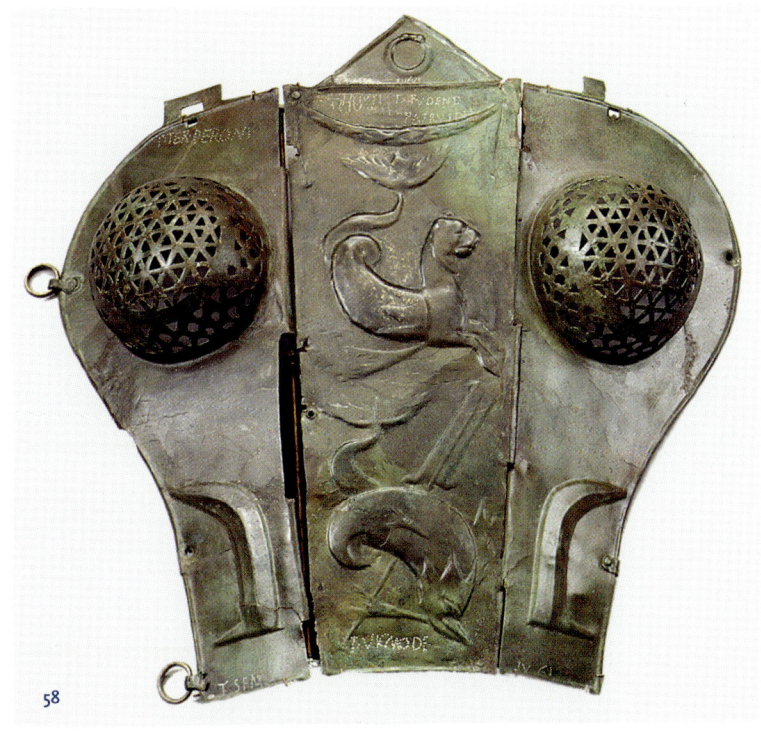

58

Römischer Zeelthering aus Mainz (Abb. 59)

Von Jens Dolata

Ein eiserner Zeelthering aus dem Mainzer Legionslager (Länge 14,2 cm) trägt eine Besitzermarke. Das Stück wurde in den *canabae legionis,* also der zivilen Siedlung, die sich südlich an das augusteische Zweilegionenlager auf der Hochebene des Kästrich anschließt, gefunden. Vermutlich stammt es aus einer Schuttplanie, in der Abfälle aus den Anfangsjahren des Kästrichlagers in für Baumaßnahmen aus-

gebeuteten großflächigen Materialentnahmegruben für Löss, Lehm, Sande und Schotter, die unmittelbar vor der Lagervallation und der äußeren Ringstraße gelegen waren, entsorgt wurden. Zelte waren im Expeditionsheer des Feldherrn Drusus, der für den Kaiser Augustus ab 13/12 v. Chr. von Mainz aus die Eroberung Germaniens unternahm, für die Unterbringung der Mannschaften im Feld in Benutzung. *Contubernia* zu acht Mann belegten lederne Giebelzelte, die *papiliones* genannt werden. Größere Zelte standen den Offizieren und

Kommandeuren zu, das Feldherrnzelt war besonders prächtig gestaltet. Auch Material und Verpflegung wurde unter Feldzugsbedingungen in Zelten untergebracht. Die ledernen Zeltplanen waren auf hölzernen Tragewerken montiert und mit Seilen abgespannt. Je nach Untergrund wurden hölzerne oder eiserne Befestigungshaken für die Abspannung eingeschlagen. Besonders in den frühen Militärlagern wurden

eiserne Zeltheringe mit Ringösen ausgegraben. Das Mainzer Stück weist als Besonderheit eine auf dem Schaft eingeschlagene Besitzermarke auf: *CORONI* ist als besitzanzeigender Genitiv von *CORONUS* bzw. *CORONIUS* aufzufassen, einem ausgesprochen seltenen Gentilnamen, der bislang lediglich aus etwa zeitgleichen Grabinschriften aus Hispanien und der Gallia Narbonensis bekannt ist. Will man nicht annehmen, dass überhaupt ein bloßer Zufall oder eine Laune Anlass zur Beschriftung gaben, wirft die Inschrift ein interessantes Licht auf die Ausrüstungsverhältnisse im früh-

kaiserzeitlichen Heer. Während die namentliche Kennzeichnung persönlicher Rüstungen und Waffen einleuchtet, Helm und Panzer mussten schließlich passen, ist eine ebenso ausführliche Besitzkennung bei Zeltheringen doch verwunderlich. Gerade solche Gemeinschaftsausrüstung wird im Falle von Legionen häufig durch Aufschriften einer Zenturie zugewiesen. Als Beispiel sei an die hölzernen *pila muralia* (Schanzpfähle) aus Oberaden erinnert, in die Zenturiennamen eingeschnitten sind, ebenso wie gelegentlich in Schanzwerkzeugen oder als Besitz einer Stubengemeinschaft ausgewiesenen Handmahlsteinen. In all diesen Fällen dürfte die Beschriftung aus logistischen Gründen erfolgt sein, weil das sperrige und zum Teil schwere Gut auf dem Marsch auf Karren oder Lasttieren verladen war und beim Feldlager rasch und eindeutig seiner Verwendung zuzuführen war. Gehört der Zelthering wirklich zur Heeresausrüstung, würde die personenbezogene Kennzeichnung auf ein Einmannzelt eines Offizieres weisen, der auch die Kleinteile seiner Feldunterkunft zusammenhalten wollte. Ebensogut könnte der Sicherungshaken auch vom zivilen Tross des Mainzer Expeditionsheeres stammen.

7.
„Mein Name ist ...“ –
Eine Gesellschaft im Spiegel
ihrer Namen

Grundsätzlich war Namengebung in der römischen Kaiserzeit wie heute Privatangelegenheit; dennoch orientierte man sich an bestimmten Normen. Für römische Bürger galt seit der späten Republik die Vorschrift, die zugleich ein Privileg war, einen dreigliedrigen Namen (*tria nomina*) zu führen. Er bestand aus dem Vornamen (*praenomen*; seit dem 1. Jh. n. Chr. waren nur noch *Aulus, Caius, Cnaeus, Decimus, Lucius, Marcus, Publius, Quintus, Sextus* und *Titus* gebräuchlich), dem Familiennamen (*nomen gentile*) und dem eigentlichen Rufnamen (*cognomen*). Der älteste Sohn pflegte traditionell den vollen Namen des Vaters zu erben: So hieß beispielsweise der ältere Sohn des Kaisers Vespasian wie dieser *Titus Flavius Vespasianus* (Kaiser Titus). Jüngere männliche Nachkommen übernahmen oft ein *cognomen* aus der Familie der Mutter. So wurde z. B. der jüngere Sohn Vespasians, der spätere Kaiser *Titus Flavius Domitianus*, nach seiner Mutter *Flavia Domitilla* benannt. Zwischen Gentiliz und *cognomen* pflegten ferner die Filiation, d. h. die Nennung des väterlichen *praenomen* mit dem Zusatz *f(ilius)*, die meist abkürzte Angabe der *tribus* – eine ursprünglich für die Volksabstimmungen nach republikanischer Verfassung wichtige Listeneinteilung der Bürger – sowie (vor oder nach dem *cognomen*) schließlich noch eine geografische Herkunftsangabe – beide im Ablativ

– zu stehen. Dieses vollständige, behördlich erfasste Namensformular begegnet uns regelmäßig in den Inschriften der frühkaiserzeitlichen Legionärsgrabsteine, z. B. *T(itus) Clodius T(iti) f(ilius) Ste(llatina tribu) Optatus Aug(usta) Tau(rinorum)* (aus Turin; CIL XIII 6862, Mainz).

Freigelassene als römische Bürger minderen (latinischen) Rechts führten an Stelle der Filiation das *praenomen* ihres Patrons mit dem Zusatz *l(ibertus)*. Bürgerfrauen hatten in der Regel nur einen zweigliedrigen Namen, bestehend aus *nomen gentile*, das oft, aber nicht regelhaft vom Ehemann adaptiert wurde, und *cognomen*, das bisweilen aus dem väterlichen Gentiliz gebildet wurde. Die Tribusangabe entfiel wie bei Freigelassenen mangels Stimmrecht.

Neubürger übernahmen zwar *praenomen* und Gentiliz des Kaisers, der sie privilegiert hatte, behielten aber ihren alten Rufnamen bei. Natürlich versuchten manche *peregrini*, sich rechtswidrig eines dreigliedrigen Namens zu bemächtigen, wogegen Behörden vorgingen (Sueton, Claudius 25, 3). Davon zu unterscheiden sind „Pseudogentilnamen", die im späteren 2. und 3. Jh. vor allem in den Rheinprovinzen verbreitet waren: Man versah den väterlichen Namen mit der Endung *-inius* oder *-ius* und stellte ihn ganz legal dem eigenen *cognomen* voran, bisweilen durch ein mehr oder weniger willkürlich aus-

gewähltes *praenomen* ergänzt, z. B. *Stephanius Maximus*, Sohn des *C(aius) Sedatius Stephanus*, Sohn des *Sedatus* (CIL XIII 7352).

Freie Provinzbewohner ohne römisches Bürgerrecht – die große Mehrheit der Reichsbevölkerung – hatten Ausländerstatus (*peregrini*). Sie besaßen einen einheimischen oder – je nach Romanisierungsgrad – bereits einen lateinischen Eigen- oder Rufnamen, ergänzt durch den Namen des Vaters im Genitiv, so z. B. der Gallier *Ambiorix, Cobromari (filius)* (Abb. 65). Dieses ausführliche Namensformular entsprach der behördlichen Registrierung bzw. den Stammlisten römischer Truppeneinheiten. Zahlreiche Soldatengrabsteine und so genannte Militärdiplome (Entlassungs- und Bürgerrechtsurkunden) bestätigen diese Verwaltungspraxis.

Im Alltag verfuhr man natürlich pragmatischer, wovon unzählige Graffiti als Besitzermarken auf verschiedenen Alltagsgegenständen (erhaltungsbedingt zumeist auf Tonscherben) ein beredtes Zeugnis ablegen. Hier war, ob Bürger oder nicht, eigentlich nur der Rufname relevant. Bei ersteren war dies noch während der frühen Kaiserzeit das *praenomen*, später ausschließlich das *cognomen*. Im Einzelfall lässt sich dann natürlich nicht mehr entscheiden, welchen Rechtsstatus der Träger eines lateinischen Namens hatte.

Ich heiße jetzt *Antonius Maximus*

Papyrus-Brief des ägyptischen Marinesoldaten *Apion* an seinen Vater (BGU II 423, s. Abb. 11), Arsinoites (Ägypten), 2. Jh. *Apion* dient seit wenigen Wochen in der kaiserlichen Flotte im Kriegshafen Misenum nahe Neapel. Bei der Rekrutierung wurde ihm ein lateinischer Name zugewiesen: *Antonius Maximus*. Es ist in der Forschung umstritten, ob derartige Umbenennungen lediglich der Latinisierung Vorschub leisten sollten oder ob – zumindest bei den Flottensoldaten – damit auch ein höherer Rechtsstatus einherging. Sie wurden jedenfalls nicht konsequent durchgeführt.

Genauso wenig ermöglicht ein lateinischer Name übrigens eine Entscheidung über die ethnische bzw. sprachliche Herkunft seines Trägers. Mit fortschreitender Romanisierung übernahmen auch viele Provinzbewohner lateinische Namen, selbst wenn sie diesen vielleicht nicht fehlerfrei auszusprechen vermochten. Hinzu kommen bisweilen sogar staatlich gelenkte Eingriffe, z. B. beim römischen Militär. Dort erfreuten sich nämlich bestimmte Namen mit verheißungsvollen Bedeutungen auffälliger Beliebtheit, darunter *Celsus* – „der Erhabene", *Felix* oder *Faustus* – „der Glückliche", „der Begünstigte", *Fidelis* „der Treue", *Marcus* oder *Martialis* – „der dem Kriegsgott Mars geweihte", *Secundus* – „der Zweitgeborene" oder auch „der (durch Schicksal) Glückliche", *Valerius* – „der Kräftige", *Verus* – „der Wahrhaftige", *Victor* – „der Siegreiche", *Virilis* – „der Mannhafte, Kräftige".

Hinter diesen lateinischen „Allerweltsnamen" verbirgt sich manche Übersetzung gallischer, germanischer oder anderer fremder Namen, die – vielleicht nicht immer freiwillig – romanisiert wurden. Ein eindrucksvolles Beispiel dafür ist ein auf Papyrus erhaltener Brief des ägyptischen Flottensoldaten *Apion* an seinen Vater (Abb. 11). Die lateinischen Vornamen (s. o.) fanden bei der peregrinen Bevölkerung als „typisch römisch" ebenso großen Anklang wie einzelne Kaisernamen. So ist beispielsweise *Iulius* nicht nur aufgrund zahlreicher Bürgerrechtsverleihungen unter Kaiser Augustus (eigentlich *Caius Iulius Caesar divi Caesaris filius Octavianus*) einer der häufigsten Namen in Gallien.

Es liegt auf der Hand, dass die Auswertung solcher Namen lediglich auf dem Wege der Statistik erfolgen kann, wodurch sich Gesamttendenzen, jedoch keinesfalls Einzelfallbeurteilungen erzielen lassen. Dennoch haben sich gerade durch Graffiti und sonstige „Kleininschriften" auch zahlreiche Namen anderer Sprachen erhalten. Sie stellen nicht nur wichtige Indikatoren der ethnisch-kulturellen Völkervielfalt der römischen Provinzen dar, sondern sind auch bedeutende Zeugnisse für die Philologie untergegangener Sprachen, z. B. des Gallischen. Bestimmte lateinische cognomina können indirekt auf die Herkunft ihres Trägers hinweisen, z. B. *Afer* („Afrikaner"), *Augustanus* („aus einer Stadt mit Beinamen Augusta stammend"), *Montanus* („aus einem Gebirge stammend", häufiger Name von Alpenbewohnern) oder *Ripanus* („von einem großen Fluss stammend", besonders an Rhein und Donau verbreiteter Name).

Natürlich gab es damals wie heute auch Modenamen. Auffällig ist beispielsweise die Häufung von Benennungen nach Wildtieren, darunter *Aper* („Eber"), *Lupus* („Wolf") und *Ursus* („Bär") im 3. und 4. Jh. Worauf diese Erscheinung zurückzuführen ist (germanische Einflüsse?), bleibt vorerst unklar.

60 Freiwilliger aus Italien

Reibschüssel mit Besitzergraffito >(centuria) Farronis Pr(a)esentis, C(aius) Vibius M[---] – „Besitz des Caius Vibius M... aus der Centurie des Farro Praesens" (Lesung G. Wesch-Klein) aus Heidelberg-Neuenheim, Ende 1. Jh. Aufgrund ihrer zwei- bzw. dreigliedrigen Namen könnte es sich bei den Genannten um römische Bürger handeln. Auf italische Herkunft des Centurios deutet das etruskische Gentiliz Farro hin. Beide Soldaten gehörten wahr-

60

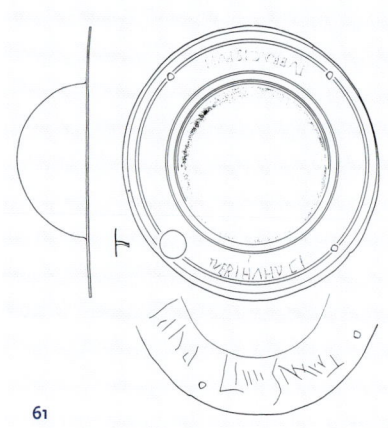

61

scheinlich der *cohors XXIV Voluntariorum civium Romanorum* an, einer Freiwilligenkohorte römischer Bürger, die als Garnison des Auxiliarlagers Heidelberg-Neuenheim im späten 1. Jh. infrage kommt.

61 Ein Zungenbrecher

Der bronzene Schildbuckel aus dem Kastell Zwammerdam (Niederlande) trägt drei Besitzerinschriften in punktiert eingeschlagenen Buchstaben (Lesung J. K. Haalebos): 1. *t(urma) Veri Hahuci* („Besitz des Soldaten Hahucus aus der Schwadron des Verus"), 2. *t(urma) Veracis Pupi* („Besitz des Soldaten Pupus aus der Schwadron des Verax") und in eingeritzter Form auf der Rückseite 3. *t(urma) Mansueti Pupi*. Der Schild hatte also innerhalb der Einheit mindestens einmal den Besitzer gewechselt. *Pupus* vermerkte zudem seine Versetzung in eine andere Unterabteilung. Der Schriftzug *t(urma) Veracis Pupi* scheint flüchtig getilgt worden zu sein, sodass der Schild wahrscheinlich zuletzt dem *Hahucus* aus der Reiterschwadron des Dekurionen *Verus* gehörte.

Hahucus ist ein verballhornter lateinischer „Spitzname", abgeleitet vom germanischen Stamm der Chauken und bedeutet „der Chauke". Welchen für seine gallischen Kameraden offenbar unaussprechbaren Namen trug der Germane wirklich?

62 „Die Schwäbin"

Randscherbe einer Terra Sigillata-Schüssel Drag. 37 aus der Trierer Werkstatt des *Attillus*, gefunden im vicus des Kastells Zugmantel im Taunus, um 200– 230 n. Chr. Laut Graffito befand sich die Schüssel im Besitz der *Sueba* („die Sue-

„Krauts" in der britannischen Armee

Viele in Niedergermanien rekrutierte Soldaten wurden an den Hadrianswall in Britannien versetzt. Der Bataver (germanischer Stamm an der Rheinmündung) *Chrauttius* ist durch einen Brief auf einem Holztäfelchen aus Vindolanda verewigt (Vindol. Tab. II 310, um 100 n. Chr.; s. Abb. 42). – „Kraut" war im 2. Weltkrieg bei den Alliierten ein Schimpfwort für deutsche Soldaten.

Die im feuchten Boden erhalten gebliebenen Schriftzeugnisse der *cohors VIIII Batavorum* aus Vindolanda sind eine wahre Fundgrube für (latinisierte) Namen germanischer Herkunft, z. B. *Arcuittius, Burcterda[---], Chacaus, Chnisso, Fratto, Frissius, Huettius, Sautenus, Troucisso* (germanisch oder gallisch?) und *Velbutena*. Am Mittelrhein und im heutigen Süddeutschland begegnen germanische Namen dagegen kaum, obwohl die Gegenwart germanischer Gruppen in der Provinzbevölkerung aus archäologischer Sicht zumindest für die Früh- und Spätzeit (1. Jh. bzw. 3. bis 5. Jh.) nicht bezweifelt wird. Nahmen diese Germanen an der römisch-lateinischen Schriftkultur keinen Anteil oder – im Gegenteil – assimilierten sie sich so weit gehend, dass sie anhand ihrer lateinischen Namen nicht mehr identifizierbar sind?

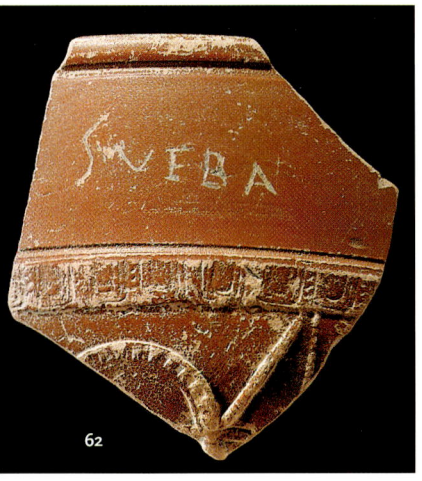

62

64

bin"). Dieser die Herkunft bezeichnende „Spitzname" weist die Besitzerin als Germanin aus. Mit der Einwanderung elbgermanischer Sueben in das nördliche obergermanische Limesgebiet ist nach neuesten Forschungen ab dem frühen 3. Jh. zu rechnen.

63 OBELIX – es gab ihn wirklich!

Silbernes Votivblech aus dem Schatzfund von Hagenbach (Pfalz) mit Inschrift *d(eo) M(ithrae) / And/ossus / Obbe/lexxi / filius / v(otum) s(olvit) l(ibens) m(erito)* – „Dem Gott Mithras. Andossus, Sohn des Obbelexx, hat (dieses Silbervotiv) gerne und

65

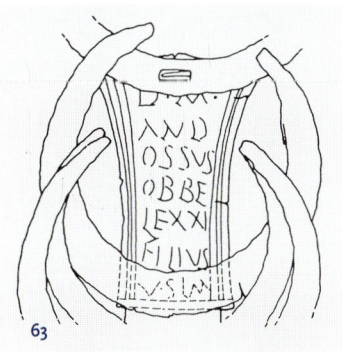

63

nach Gebühr geweiht" (Lesung R. Engels). Dieses Stück wurde im 3. Jh. von Germanen geraubt und ging bei deren Flucht über den Rhein im Fluss verloren. Der Gallier *Obbelexxus* lebte in der Provinz Aquitania (Südwestfrankreich).

64 Backplatte des Satto

Bodenscherbe einer Backplatte mit Graffito *Sattonis* („Besitz des *Satto*") aus dem Kastell Zugmantel, 2./3. Jh. Der keltische Name *Satto* war vor allem im östlichen Gallien verbreitet. Aus dieser

66

Region stammten viele Einwanderer, die sich während des späten 1. Jh. n. Chr. im Limesgebiet ansiedelten.

65 Krug des *Ambiorix*

Krugscherbe aus dem Erdlager von Hofheim am Taunus mit vor dem Brand in den feuchten Ton eingeritztem Graffito *[Am]biorix Cobromari filius [---]* – „Ambiorix, Sohn des *Cobromarus*", 1. Hälfte bis Mitte 1. Jh. n. Chr. Der bekannteste Träger des keltisch-gallischen Namens *Ambiorix* war Häuptling der belgischen Eburonen, der 54 v. Chr. einen Aufstand gegen C. Iulius Caesar anführte (Bellum Gallicum 5, 41, 4). Mangels bekannter Alternativen für Namen mit der Endung *–biorix* ist die Auflösung zu *Ambiorix* wahrscheinlich. Der Name des Vaters *Cobromarus* weist jedoch auf eine Herkunft aus Pannonien hin, das zum (ost)keltischen Sprachraum gehörte.

66 Schüssel des *Matios*

Randscherbe einer Terra Sigillata-Schüssel Drag. 37 aus der Rheinzaberner Werkstatt des *Comitialis V*, gefunden im *vicus* von NIDA-Heddernheim (Frankfurt a. M.), 1. Hälfte 3. Jh. n. Chr. Die Ritzinschrift lautet *[---] Matios pan(n)am [---]* – „Matios hat diese Schüssel … (gekauft?)". Im gallisch geprägten Limesgebiet behauptete

sich bis in das 3. Jh. hinein ein gegenüber den lateinischen Namen recht konstanter Anteil von Personennamen keltischer Sprachwurzeln. Bemerkenswert ist das Weiterleben der gallischen Endung *-os* statt der lateinischen auf *-us*. Seit der Zeit um 200 n. Chr. nahm der Anteil keltisch-gallischer Namen gegenüber den lateinischen sogar wieder zu. Ursache hierfür waren eine auch in anderen kulturellen Erscheinungen, z. B. im Kunsthandwerk, nachvollziehbare Rückbesinnung auf gallische Formen und Traditionen (so genannte „gallische Renaissance"), möglicherweise aber auch die so genannte *Constitutio Antoniniana*, ein Erlass des Kaisers Caracalla aus dem Jahre 212 n. Chr., durch den alle freien Reichsbewohner römische Bürger wurden. Die dadurch begünstigten Neubürger übernahmen automatisch Praenomen und Gentilnamen *Marcus Aurelius* des Herrschers. Unverwechselbar wurde man also allein durch seinen individuellen Rufnamen (Cognomen).

67 Schüssel des *Eudaimon (?)*

Randscherben einer Terra Sigillata-Schüssel Drag. 37 aus der Werkstatt der Trierer Töpfer *Dubitus/Dubitatus*, gefunden

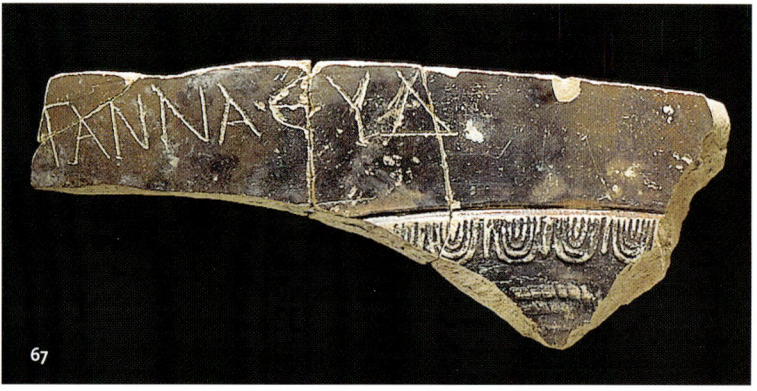

67

im *vicus* des Kastells Langenhain, Kreis Friedberg/Wetterau, um 230 n.Chr. Die eingeritzte griechische Besitzerinschrift lautet ΠΑΝΝΑ ΕΥΔ. Mit dem hier griechisch transskribierten Wort *panna* der gallo-lateinischen Umgangssprache pflegte man reliefverzierte Terra Sigillata-Schüsseln zu bezeichnen. Der abgekürzte griechische Name lässt zahlreiche Ergänzungsmöglichkeiten zu, unter denen ΕΥΔΑΙΜΩΝ „der Glückliche" der wahrscheinlichste ist. Er entspräche den so häufigen lateinischen Namen *Felix, Faustus* und *Secundus*. Zweifellos handelte es sich um einen Einwanderer aus dem griechischsprachigen Osten des Römischen Reiches.

68 Napf des Sosas

Terra Sigillata-Napf mit Graffito *Sosas* aus dem Kastell Saalburg. Der in lateinischen Buchstaben eingeritzte griechische Besitzername weist auf einen Griechen oder Orientalen hin, der während der 2. Hälfte des 2. Jh. n.Chr. als Soldat am Taunuslimes diente.

69 Krug des Nicomedes

mit Graffito *lag(ona) Nicomedes qui illa(m) emer(u)it* – „(Wein-)Krug des Nico-

69

medes, der diesen verdient hat". Handelte es sich um ein Preisgeschenk für einen griechischen Sportler oder nur um eine scherzhafte Besitzerinschrift?

70a / 70b Heimweh nach dem Nil?

Bleitäfelchen mit lateinischen und griechischen Personennamen aus GELDUBA/ Krefeld-Gellep. Gefunden wurde das beschriftete Bleiblech, das – obwohl nicht gerollt oder gefaltet – wahrscheinlich zu den so genannten „Fluchtäfelchen" (s. Kap. 11) zu zählen ist, in einem Grabkontext mit Beigaben der 2. Hälfte des 1. Jh. n.Chr. Die in drei Kolumnen (A–C) zerfallende Beschriftung ist jedoch konsequent in der so genannten jüngeren römischen Kursive (Kleinbuchstaben-Schreibschrift) abgefasst und kann daher frühestens aus aus dem späteren 3. oder 4. Jh. n.Chr. stammen. Die Bleitafel wurde also erst nachträglich im Bereich eines älteren Grabes deponiert.

Die in ihr aufgelisteten Namen sind teils lateinischen, teils griechischen Ursprungs und zeittypisch für die Spätantike. Der genaue Hintergrund dieses Wunschzaubers bleibt uns wegen schlechter Erhaltung der entscheidenden Passagen in Text C sowie wegen des unzulänglichen und daher missverständlichen Lateins

verborgen. Offenbar ging es entweder um eine bevorstehende, ungewollte Versetzung von Soldaten aus dem Kastell Gelduba an den Nil oder – schon aufgrund der griechischen Namen wahrscheinlicher – um eine erhoffte, jedoch durch einen Befehl des Offiziers (?) *Purus*, der als „Heimtücke" gebrandmarkt wird, infrage gestellte Heimreise ägyptischer Soldaten (?). Vermutlich handelt es sich bei der Namensliste (Text B) um die Betroffenen die-

70 a

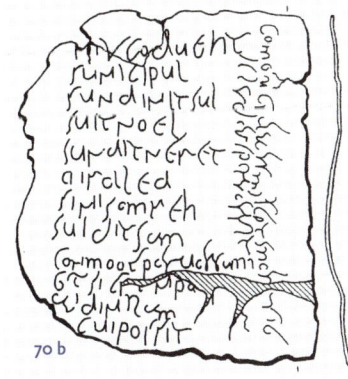

70 b

68

71

ser Anordnung. Rolle und Funkion des *Comolius Crusidissus* (Schreiber der Tafel?) und jenes *Comnus* bleiben im Dunkeln.

Text A (Lesung und Übersetzung nach B. Galsterer):
Comol[i]o Crusidisso S{i}eptimus [e]t sic / ill(i)us dulus Puri iussit – „Dem *Comolius Crusidissus* befiehlt *Septimus* und so auch die Heimtücke (*dulus* statt *dolus*) des *Purus*“.

Text B: Liste von acht Personennamen, die von rechts nach links geschrieben sind:
Theudossius (= *Theodosius*)
Lupicinus
Iustinianus
Leontius
Terentianus
Aelario
Hermoginis
Mustidius

Text C:
Comno ob Puri iussum / et sic [dulum?] Pu[ri] / addi(re?) Nilum / [Comn?]o cui possit – „An *Comnus* wegen des Befehls des *Purus* und wegen der Heimtücke des *Purus* (?). An *Comnus*, der (uns?) an den Nil heimführen kann (?)“.

71 Sigillatascherbe mit aramäischem Graffito

Der zweizeilige Schriftzug passt sich den Bruchkanten an, sodass er wahrscheinlich erst auf die Scherbe (als Ostrakon oder als Amulett?) geritzt wurde (Lesung und Übersetzung nach H. P. Roschinski):
Bar-Simia/Samia (Name) / *Bar-(E)laha/ Beyad-(E)laha* (Name = „Sohn Gottes“ oder „in der Hand Gottes“). Krefeld-Gellep, 2. Jh.

72 In der Fremde gestorben

Urne mit Leichenbrand aus Oberpeiching bei Rain am Lech, Grab 156. Auf der Schulter des Topfes ist der Eigenname *Acisius* eingeritzt, der im Nominativ steht und nicht im Genitiv wie für Eigentumsmarken üblich. Aus dem nahe des Fundortes gelegenen Burghöfe (bei Donauwörth) ist ein gleichnamiger Töpfer bekannt. Die Gefäßform der Urne kommt in Raetien jedoch nicht vor, sondern donauabwärts in den Provinzen Noricum und Pannonien. Daraus leitet W. Czysz einen bemerkenswerten Interpretationsansatz ab: der Töpfer (?) *Acisius* war möglicherweise während einer Reise in diese Provinzen verstorben und dort eingeäschert worden. Nachdem man seine sterblichen Überreste in die Urne gefüllt hatte, wurde diese mit seinem Namen versehen und zur Beisetzung in seine Heimat geschickt. Leichenverschickung war in der Antike nicht ungewöhnlich. Insbesondere in Ägypten war es während der römischen Kaiserzeit üblich, Leichen zur Einbalsamierung zu verschicken. In der Regel wurde am Leichnam eine hölzerne Tafel festgebunden, auf der Name und Herkunft des Toten vermerkt waren.

72

8.
Im Namen des Kaisers – Recht und Ordnung durch Schrift

Wer bekommt Recht?

Außerhalb Italiens galt das römische Recht nur für römische Bürger. Anfänglich eine Minderheit, nahm der Anteil der *cives Romani* an der Reichsbevölkerung durch Bürgerrechtsverleihungen stetig zu. Bürger durften sich unmittelbar an das Statthaltergericht als höchste Instanz einer Provinz wenden oder sogar an den Kaiser appellieren – insbesondere bei Kapitalverbrechen – und eine kaiserliche Verfügung (*rescriptum*) erhoffen. Die Trennung von Legislative, Exekutive und Judikative war römischem Recht noch fremd. Der Statthalter konnte seine richterlichen Befugnisse an andere Amtsträger delegieren, z. B. an höhere Offiziere, wie wohl im Falle des Rottweiler „Gerichtsprotokolls" (Abb. 73) geschehen.

Die freie Provinzbevölkerung ohne römisches Bürgerrecht hatte „Ausländerstatus" (*peregrini*) und unterlag der Gerichtsbarkeit ihrer Heimatgemeinden oder -gaue (*civitates*), die zumeist von den *aediles*, Trägern eines befristeten Ehrenamtes, wahrgenommen wurde. Diese Vertreter der „niederen Instanz" - waren befugt, gegebenenfalls Eingaben an das Statthaltergericht weiterzuleiten. Rechtsstreitigkeiten unter Peregrinen zog der Statthalter normalerweise nur dann an sich, wenn römische Machtinteressen berührt wurden, z. B. bei Hochverrat, Majestätsbeleidigung oder wenn die peregrinen Parteien verschiedenen *civitates* angehörten. Diese Unterschiede fielen weg, als Kaiser Caracalla 212 n. Chr. allen freien Reichsbewohnern das Bürgerrecht verlieh (*Constitutio Antoniniana*).

Eingaben hatten prinzipiell schriftlich zu erfolgen (*libelli*). Überhaupt waren Schrift und Kenntnisse der lateinischen Amtsprache (im Osten eher des Griechischen) entscheidende Voraussetzungen für die Anwendung römischen Rechts. Prozessakten wurden in unseren Regionen in der Regel auf Wachstafeln verzeichnet und im Statthalterarchiv abgelegt.

Nicht selten versuchten Kläger gleich welchen Rechtsstandes, den Statthalter bei seinen turnusgemäß in den größeren Provinzstädten abgehaltenen Gerichtstagen direkt anzugehen oder – Erfolg versprechender – über einflussreiche Mittler oder Patrone ihr Anliegen vorzubringen. Schmiergelder scheinen dabei eine gängige Praxis gewesen zu sein, die offenbar weit gehend toleriert wurde – bis hin zur käuflichen Beeinflussung von Urteilen. In Ägypten, wo die Rechtsverhältnisse durch Papyri besser dokumentiert sind, waren vom Statthalter eingesetzte Strategen als Gauverwalter für die Rechtsprechung zuständig. Zahlreiche auf Papyrus erhaltene Eingaben lassen erkennen, dass die Bevölkerung den – nicht selten korrupten – örtlichen Behörden misstraute. Entsprechend häufig sind Klagen über Amtsmissbrauch. Lieber wandte man sich an durchsetzungsfähige römische Offiziere benachbarter Garnisonen oder Wachstationen (*centuriones regionarii*).

Viele Beschwerdeführer betonen in auffälliger Weise ihre eigene Rechtschaffenheit, indem sie z. B. darauf verweisen, dass sie regelmäßig Steuern zahlen. Bisweilen versuchen sie, die Soldaten und Beamten dadurch zu motivieren, dass sie auf einen drohenden Steuerausfall bei Eigentumsdelikten – der eigene Schaden nicht ersetzt würde. Selbst Körperverletzung oder Mord an einem Angehörigen wurde bisweilen als „Ausfall einer häuslichen Arbeitskraft" geltend zu machen versucht. In vielen Strafanzeigen werden nicht nur die gestohlenen Güter recht genau beschrieben, sondern oft auch ihr Geldwert angegeben oder geschätzt. Damit sind diese Papyri nicht nur wichtige Quellen für das Rechtssystem und den Zustand der inneren Sicherheit, sondern liefern auch wertvolle Hinweise auf das Lebensniveau der einfachen Bevölkerung und auf Lebenshaltungskosten – es fällt nämlich auf, dass meistens Lebensmittel und Kleidungsstücke gestohlen wurden. Ähnlich ausführliche Zeugnisse sind aus den nordwestlichen Provinzen nicht erhalten. Indirekte Einblicke in die alltägliche Kleinkriminalität bieten jedoch manche der so genannten „Fluchtäfelchen" (s. Kap. 11), in denen immer

Ist das Recht?

- Unter den Schutz des römischen Rechts fielen nicht alle Reichsbewohner, sondern nur römische Bürger, denn Bürgerrecht war ein Pvileg.
- Existenz nicht rechtsfähiger Menschen: so definierte man Sklaven (servi).
- Ämterkauf, Prostitution, Drogenkonsum und Kinderarbeit waren legal.
- Folter war legal, um Aussagen/ Geständnisse von Nichtbürgern zu erpressen.
- Frauen waren offiziell vom Vertragsrecht ausgeschlossen.
- Kriegsdienstverweigerung war verboten.

wieder Diebe verwünscht werden. Wenn irdische Gerechtigkeit versagte, blieb eben nur die Hoffnung auf Genugtuung durch göttliches Recht (fas). Einen besonders reichhaltigen Bestand dieser Schriftgattung haben Ausgrabungen im Quellheiligtum von Bath in Südengland erbracht: In den dortigen Heilthermen kamen den Badegästen Kleidungsstücke, Schuhe, Geldbeträge und Badeutensilien abhanden. Die Aufklärungsquote solcher Delikte scheint gering gewesen zu sein, zumal die Behörden nicht prinzipiell zu Nachforschungen verpflichtet waren. Umso einträglicher dürften die Bilanzen der für Fluchtäfelchen nötigen Magier ausgefallen sein.

Das römische Recht kannte zwar Advokaten, die vielfach die Aufgabe von Schreibern für schriftunkundige Mandanten erfüllten, jedoch keine Staatsanwälte. Staatliche Stellen wurden von sich aus nur aktiv, wenn die innere Sicherheit gefährdet war oder wenn Steuerausfälle drohten. Die Durchsetzung hoheitlicher Interessen lag dann in der Regel beim Militär. Durch ägyptische Papyri ist bezeugt, dass es vielfach Priester waren, die sich zugleich als Aufseher über Recht und Ordnung verstanden und Anzeigen erstatteten.

Wo standen die Gesetze?

In Rom pflegte man die wichtigsten Gesetze auf Bronzetafeln zu gravieren und diese auf den Foren oder dem Kapitol öffentlich aufzuhängen. Dies geschah erstmalig 450 v. Chr. in Gestalt des so genannten „Zwölftafelgesetzes". Darin wurden Rechtsgrundsätze formuliert, die noch heute aus modernen Verfassungen nicht wegzudenken sind, z.B. dass beide Streitparteien anzuhören sind (audiatur et altera pars) oder dass ein Täter für dasselbe Verbrechen nicht zweimal bestraft werden darf (ne bis in idem). Kurzfristige Ankündigungen und Nachrichten wurden mit Farbe auf geweißte Holztafeln (alba) geschrieben und ebenfalls öffentlich aufgestellt. Ähnlich verfuhr man auch in den Provin-

zen. Leider ist bis heute kein einziges Beispiel einer lex provinciae (Provinzverfassung) auf uns gekommen. Die civitates und andere Verwaltungseinheiten einer Provinz basierten auf einer ergänzenden lokalen Gesetzgebung. Als einzigartiges Beispiel blieben die auf Bronzetafeln gravierten Gesetze des Bergwerksdistrikts von Vipasca (Portugal) erhalten (lex metalli Vipascensis); aus den hölzernen Schreibtäfelchen von Alburnus Maior (Rumänien) lässt sich ein Teil der lokalen Gesetzgebung rekonstruieren, die für den dortigen Bergwerksbezirk galt.

Für die spätere Rezeption des römischen Rechts bedeutsam war nicht nur seine weiträumige Gültigkeit, sondern auch die während der Kaiserzeit entwickelte Rechtswissenschaft und die systematische Sammlung von Gesetzen und Urteilen. Beides vollzog sich erst verhältnismäßig spät: Die ältesten Gesetzessammlungen als reichsweit gültige Urteilsrichtlinien gehen auf private Initiativen von Juristen des 2. (institutiones – systematische Grundsätze des Gaius) bis 4. Jh. n. Chr. zurück, die aus dem Rechtsrat des Kaisers (consilium) und den für die kaiserliche Justiz immer wichtigeren Prätorianerpräfekten hervorgingen. Dies lag an der infolge der constitutio Antoniniana stetig wachsenden Bedeutung des Kaisergerichts als letzter Appellationsinstanz. Kaiserliche Urteile modifizierten bestehendes oder schufen neues Recht. Wäh-

73

rend Zivil- und Strafrechtsprozesse in spätrepublikanischer Zeit noch weit gehend den Charakter von Schlichtungen hatten, die auf private Initiative von Geschädigten hin zustande kamen, bildeten sich erst während der Kaiserzeit verbindliche Instanzenwege und Prozessnormen heraus. Mit dem *codex Theodosianus* erhielt das spätrömische Reich erstmals 438 n.Chr. ein offizielles, systematisch erstelltes Gesetzeswerk aller Kaiserurteile (*constitutiones*).

73 Gerichtsprotokoll aus Rottweil
Bruchstück eines hölzernen Triptychons, von dem nur etwa ein Viertel erhalten ist. Die ursprüngliche Größe des Täfelchens lässt sich anhand der vertieften Fläche für

die Zeugensiegel auf der Rückseite mit 23,6 × 14,8 cm rekonstruieren. Die Vorderseite trägt Schriftreste, die durch die ehemals vorhandene Wachsbeschichtung hindurch mit einem *stilus* in das Holz eingeritzt wurde. Der Text, von dem noch zwölf Zeilen erhalten sind, gehörte zur zweiten Seite der einst versiegelten Innenschrift.
Lesung und Deutung nach J. C. Wilmanns (im Falle der schlecht entzifferbaren Zeilen 1, 7 und 12 wurden nur die von C. Wilmanns als paläografisch am wahrscheinlichsten angesehenen Lesungen ausgewählt):

1 *[---]u . ug . s . a remu . . . . l . . osuni . aeque*
2 *[--- perv?]entos ex condemnatione Iuventi Caesiani octavae*
3 *[legati felicissimi Augusti l]egionis*
August(a)e pi(a)e fid(a)e legatos Secundio Secundi
4 *[no? oder –ni filio? ---] a(?) Prifernio Victorino ☼(denarios) qui(n)gentos, faeneratos*
5 *[Name des Schuldners? ---]ntos sebtuaginta (sic!) sex, denarios reliquos*
6 *[Name des Schuldners? ---]. sescentos sebtuaginta (sic!) tres, creditos denar(i)os*
7 *[Summe ---] . . en . u . di . . ar . du . . . s . . i vindicaret*
8 *[---] . ni traderet in quam rem pari examine*
9 *[[---] actum municipio Aris pridie n(onas) Augustas*
10 *[Imp(eratore) Marco Aurelio Commodo Anto]nino Augusto Felice quinquies et Manio*
11 *[Acilio Glabrione bis consuli]bus tributis et intributionibus o(m)nibus ex ea*
12 *[summa? ---]e census . . [---]*

48

Obwohl die ausschnitthafte Passage nur ansatzweise eine Rekonstruktion des Rechtsvorgangs zulässt, so handelt es sich doch um ein Dokument unschätzbaren Wertes sowohl für die römische Geschichte Südwestdeutschlands als auch für die Geschichte des römischen Privatrechts.

Der Urkunde ist zu entnehmen, dass ein Kommandeur *(legatus Augusti legionis)* der in Argentorate/Straßburg stationierten 8. Legion als Richter einen Rechtsfall abschloss, dessen Präzedenzurteil *(ex condemnatione)* hier zitiert wurde. Durch den Vollzugsvermerk *actum Aris (Flaviis)* wird Rottweil als Gerichtsstand des am 4. August 186 n.Chr. protokollierten Prozesses und zugleich als Siedlung mit römischem Stadtrecht *(municipium)* ausgewiesen. Vermutlich fand der Rechtsakt nach dem *ius civile* unter römischen Bürgern aus *Arae Flaviae* statt. Dabei ging es um verschiedene Geldsummen, nämlich um testamentarische Abtretungen *(legati)* von 500 Silbermünzen *(denarii)* an einen ge-

wissen *Secundius Secundi(nus?)* durch den Erblasser *Prifernius Victorinus*, ein verzinsliches Darlehen von mindestens 276 Silbermünzen *(denarii faenerati)*, einen nicht näher bestimmbaren Restbetrag *(denarii reliqui)* in Höhe von mindestens 673 Denaren sowie um einen weiteren Kredit unbekannter Höhe *(crediti denarii)*. Wie noch heute bei Geldgeschäften üblich, wurden die Beträge nicht (nur) in Zahlen angegeben, sondern ausgeschrieben. Diese Außenstände sollte offenbar eine bestimmte Person von einem oder mehreren Schuldnern einklagen *(vindicaret)* und einem dritten Begünstigten (wohl dem Auftraggeber) übergeben *(traderet)*. Die geschäftliche Angelegenheit *(res)* sollte wohl einer Prüfung *(examen)* unterzogen werden, die einer anderen glich *(par)*. Die in der Urkunde genannten (Mindest-)Beträge waren für „mittelständische" Geschäftsvolumina durchaus typisch (s. Kap. 9), lagen aber möglicherweise über der Jurisdiktionsgrenze der örtlichen Magistrate *(duumviri* oder *quattuorviri)*, sodass der

Gläubiger mittels eines Beauftragten den Legionslegaten in Straßburg bemühte. Die gesamte erhaltene Aufzählung stand wahrscheinlich, wie die Verbformen erkennen lassen, in einem Nebensatz, dessen übergeordneter Hauptsatz nicht erhalten ist. In ihm war vermutlich die Art des Rechtsaktes definiert.

Nach dem Vollzugsvermerk folgte in Zeile 11 offenbar ein anderer Sachverhalt, dessen Bezug zu dem darüber stehenden unklar bleibt. Die hier erwähnten *tributa* und *intributiones* sind nicht zwingend mit Abgaben an öffentliche Kassen gleichzusetzen, sondern können, wie Vergleiche mit Rechtsquellen zeigen, auch private Kostenumlagen oder Entschädigungen bezeichnet haben.

74a/b Verfluchter Prozessgegner

VS: *Rogo manes / inferi ut [Ma?]/rius Fronto a[dv]/ersarius Sext[i] / sit vanus neq/ue loqui pos/[s]it contra / [S]extum, ut / Fronto fiat / mutus qu/[um] (= cum) access/[e]rit*

74 a

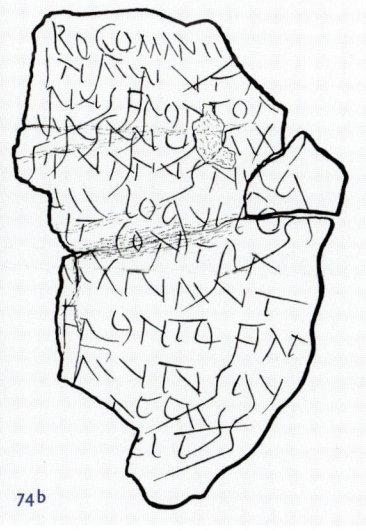

74 b

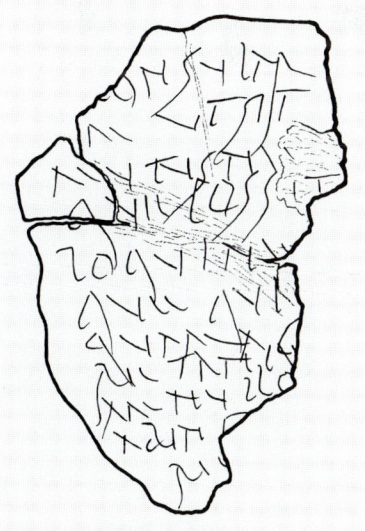

RS: consular/[e]m, ut sit / mutus ne/que possit / loqui ne/que qui[c]/quam ag[e]/re, tanqu/am nullo / ab inf[e]/ris (revidierte Lesung M. Scholz).

„Ich flehe euch an, ihr Götter der Unterwelt, dass Marius(?) Fronto, der Prozessgegner des Sextus, lügenhaft sei und gegen Sextus nicht aussagen kann, dass Fronto verstumme, sobald er vor den Statthalter tritt, dass er verstumme und dass er weder aussagen kann noch überhaupt irgendetwas unternehmen! Gleich einem Nichts von (euch) Göttern der Unterwelt (gebannt)!"

Hintergrund des in ein Bleiblech geritzten Gebetes an die Totengötter aus dem Gräberfeld von Frankfurt -Praunheim war offensichtlich ein Prozess vor dem obergermanischen Statthalter (*legatus Augusti pro praetore*, im Volksmund oft nach seinem Rang als *consularis* = „gewesener Konsul" bezeichnet). Die Erwähnung des Statthalters sowie der zweiteilige Name weisen darauf hin, dass zumindest der Kläger oder Zeuge Marius(?) Fronto römi-

scher Bürger war. Ob der Prozess in der Provinzhauptstadt Mogontiacum/Mainz stattfand oder ob der *consular* zu Gerichtstagen in die *civitas*-Metropole Nida/Frankfurt-Heddernheim reiste, geht aus dem Text nicht hervor.

Sextus, wohl der Beklagte und Urheber des „Fluchtäfelchens", fürchtete die Zeugenaussage des Fronto offenbar so sehr, dass er noch ein zweites Bleitäfelchen mit demselben Inhalt verfasste oder von einem Magier verfassen ließ (heute verschollen). Beide *laminae* waren gefaltet und anschließend einige Meter voneinander entfernt im Bereich von Soldatengräbern der Zeit um 100 n. Chr. deponiert worden.

75 Zum praetorium zitiert

Die in den feuchten Ton eines Terra Nigra-Gefäßes aus Mainz geritzte Botschaft lautet: *[---] / denuntiavi T(ito) Elvissio Secundo / uti adsit Mogontiaci ante pr(a)etorium / Poblici M(a)rcelli ad hiberna leg(ionis) XXII p(rimigeniae) p(iae) f(idelis)* – „...ich habe dem Titus Elvissius Secun-

dus Anweisung gegeben, dass er anwesend sei in Mainz vor dem Amtssitz des (Statthalters) *Poblicius Marcellus* bei den Winterquartieren der 22. Legion" (Lesung H. Klumbach).

Hintergrund dieser ungewöhnlicherweise in einen Gefäßrohling geritzten Benachrichtigung war vermutlich eine Armeebestellung in der betreffenden Töpferei (Musterstück), vielleicht aber auch eine private Verabredung oder eilige Vorladung. Jedenfalls erfahren wir, dass die Statthalterresidenz im oder beim Lager der 22. Legion gelegen haben muss. *C(aius) Quinctius C(ai) f(ilius) Vel(ina tribu) Certus Poblicius Marcellus* war 121–129 n. Chr. Statthalter der Provinz Obergermanien.

76 „Post vom Finanzamt"

Ein hölzernes Schreibtäfelchen mit dem Brandstempel *proc(uratores) Aug(usti) dederunt/Brit(anniae) prov(inciae)* der obersten Finanzbeamten der Provinz Britannia aus *Londinium* (Lesung R. S. O. Tomlin) –

75

77

ein offizieller „Briefkopf" der Finanzbehörde? Damals wie heute wurde die Steuerschuld nach dem Einkommen bemessen, das alle fünf Jahre (*lustrum*) gemäß eigener Angaben, aber auch anhand archivierter Unterlagen neu geschätzt wurde.

77 Amnestie für Steuersünder
Auf Geheiß des Kaisers Trajan werden
Schuldbücher (große Wachstafeln)
aus dem Staatsarchiv (*tabularium*)
verbrannt. Relief aus Rom, Anfang 2. Jh.
n. Chr.

76

Strafanzeige aus dem römischen Ägypten: Amtsmissbrauch!

„An den Centurio *Ammonius Paternus* von *Syros*, Sohn des *Syrion*, den man auch *Petecas* nennt, aus dieser Stadt.

Mein Bruder und ich haben im Monat Juni alle Getreideabgaben geleistet, die die Regierung gefordert hat. Auch haben wir 9 von 10 Artaben [1 Artabe = 29,2 Liter] Getreide erbracht, die uns im Rahmen einer Sonderabgabe vom Dorf Karanis auferlegt worden waren. Nur wegen dieser einen noch fehlenden Artabe kamen die Steuereinzieher *Petesios*, Sohn des *Tɛelu*, *Sarapion*, Sohn des *Maron* und deren Diener *Ptolemaeus* sowie ihr Assistent *Ammonius* zu mir nachhause, als ich bei der Feldarbeit war. Sie entwendeten das Kleid meiner Mutter und warfen sie zu Boden. Nun ist sie verletzt und kann nicht mehr arbeiten.

Bitte ergreife diese Leute, damit ich Gerechtigkeit erlange!"

Zitiert nach: Berliner Griechische Urkunden (BGU) 515, 2. Juni 193 n. Chr.; Übersetzung nach R. W. Davies, The Investigation of some Crimes in Roman Egypt. In: ders., Service in the Roman Army, ed. by D. Breeze and V. A. Maxfield [Edinburgh 1989] 175–185 bes. 183.

78

78 u. 79 Eichung einer Bronze-kanne durch die Aedilen

Ti(berio) Claudio Caesa(re) / IV (et) L(ucio) Vitel(l)io III co(n)s(ulibus) / me(n)sura exacta ad / Articuleia(num pondus) iussu aediliu(m) / p(ondo) V – „Als Tiberius Claudius Caesar zum vierten Male und Lucius Vitellius zum dritten Male Konsuln waren (= 47 n.Chr.) wurde die Eichung nach dem Maß des *Articuleius* auf Geheiß der Aedilen ausgeführt: 5 Pfund" (Lesung und Übersetzung nach H. Freis). Bis zur schmalsten Stelle fasste die Kanne 1,7 Liter (= 1700 g), was beinahe den genannten 5 Pfund entspricht. Die Wahrung der Maß- und Gewichtssysteme oblag kommunalen Ordnungsbeamten -(*aediles*). Articuleius hat wahrscheinlich als Aedil in Rom

Strafanzeige aus dem römischen Ägypten: Mit dem Vermögen durchgebrannte Ehefrau!

„An den Centurio *K[---]* von *[---]*, Sohn des *Paneigbeous(?)*, staatlicher Bauer im Dorf Theadelphia.

Meine Frau *[---]* und Mutter meines Kindes wurde unzufrieden mit der Ehe und ergriff die Gelegenheit [---]. Sie verließ mein Haus vor [---] Monaten, ohne die Scheidung einzureichen. Sie hat nicht nur ihre eigenen Sachen mitgenommen, sondern auch vieles von mir, darunter einen großen Mantel, ein [---], ein Oxyrhynchus-Kissen, ein dünnes Gewand, ein Kästchen mit Handschuhen, zwei Tuniken, Konserven und landwirtschaftliche Werkzeuge.

Mehrfach habe ich sie aufgefordert, mein Eigentum zurückzugeben, doch sie reagiert nicht, obwohl ich ihr genügend Unterhalt für das Kind gegeben habe. Ich habe erfahren, dass *Nilos*, Sohn des *Tetesuros* aus unserem Dorf, mit ihr zusammen ist und sie geheiratet hat.

Durch diese Eingabe ersuche ich dich, dir sie und *Nilos* vorzunehmen, damit mir Gerechtigkeit widerfahre, ich mein Eigentum zurück bekomme und mir geholfen werde."

Zitiert nach: Papyr. Heidelberg. 13, 2.-3. Jh. n.Chr.; Übersetzung nach R. W. Davies, The Investigation of some Crimes in Roman Egypt. In: ders., Service in the Roman Army, ed. by D. Breeze and V. A. Maxfield [Edinburgh 1989] 175–185 bes. 181.

79

Normalgewichte und -maße anfertigen lassen, auf die sich seine Kollegen in den Städten des Reiches bei Überprüfungen

beziehen konnten. In anderen Fällen wurde der Aufbewahrungsort des Normalgewichtes angegeben.

9.
Vom Kaufen und Verkaufen – Zeugnisse römischen Wirtschaftslebens

Großunternehmer, bargeldloser Zahlungsverkehr, Termingeschäfte oder der Einsatz von Subunternehmern – in Vielem war das römische Wirtschaftsleben modernen Verhältnissen erstaunlich ähnlich. Es stützte sich auf drei tragende Pfeiler, nämlich ein stabiles Währungssystem, eine ausgebaute Infrastruktur und insbesondere auf die verbreitete Kenntnis des Lesens und Schreibens und den dadurch eröffneten Zugang zum römischen Vertragsrecht. Ob Arbeitsvertrag oder Steuererklärung – jedes Geschäft wurde schriftlich festgehalten und, wenn nötig, auch von Zeugen beglaubigt. Von diesen Dokumenten, die es auch in unserer Region zu Hunderttausenden gegeben haben muss, sind heute nur noch wenige Beispiele erhalten, so z.B. die auf ein Holztäfelchen geschriebene Quittung aus dem Vicus von Hanau-Salisberg (Abb. 21).

Einblicke in Organisation, Arbeitsteilung und Leistungsfähigkeit römischer Betriebe bieten so genannte „Töpferrechnungen", d.h. in den feuchten Ton von Rohlingen geritzte und später gebrannte Listen betriebsinterner Abrechnungen und Arbeitsprotokolle größerer Töpfereien und Ziegeleien, in denen die Leistung einzelner Arbeiter oder Gruppen bisweilen detailliert fest gehalten wurde (Abb. 83–88). Durch die Wahl des Beschreibstoffes Ton ließen sich einerseits Kosten sparen, andererseits waren die mitgebrannten Listen bei der Aufteilung der zu Hunderten oder sogar

Tab. 1 Beispiele für Preise und Lebenshaltungskosten im Nordwesten des Imperium Romanum.

Objekt	Preis	Ort	Datierung
sag(um) (Mantel)	7 Denare	Kempten	2. Jh.
sagacia (Mantel)	5 Denare u. 3 Asse	Vindolanda	um 100 n.Chr.
cothurni (Lederstiefel)	3 1/2 Denare	Vindolanda	um 100 n.Chr.
sudarium (Handtuch)	2 Denare	Vindolanda	um 100 n.Chr.
mortarium (Reibschale)	2 Sesterzen	Passau	2. Jh.
panna (Sigillataschüssel)	5 Sesterzen	Flavia, Solva	2. Jh.
bos (friesisches Rind)	150 Sesterzen	Tolsum (NL)	1. Jh.
sarca taur(ina) (Opferfleisch)	2 Pfund (ca. 655g)/2 Sesterzen	Mainz	2./3. Jh.
apium (Sellerie)	2 1/2 Pfund (ca.820g)/1 Sesterz	Mainz	2./3. Jh.
asparagus (Spargel)	10 kg (?)/1 Denar	Trier	2. Jh.
agni V (5 Lämmer)	18 Denare	Alburnus, Maior	2. Jh.
porcellus(Ferkel)	5 Denare	Alburnus, Maior	2. Jh.
panis candid(us) (Weißbrot)	(Menge?)/2 Denare	Alburnus, Maior	2. Jh.
aceti (Essig)	3 sextarii (ca. 1,6 Liter)/2 Sesterzen	Alburnus, Maior	2. Jh.
thus primum (Weihrauch erster Wahl)	1/2 Pfund/2–3 Denare	Alburnus, Maior	2. Jh.Denare
Marsstatuette aus Bronze (Sonderanfertigung)	100 Sesterzen (25 Denare)	Britannien	2./3. Jh.
puer (gesunder griechischer Sklavenjunge)	600 Denare	Alburnus, Maior	142 n.Chr.
puella (Sklavenmädchen, 6 Jahre)	205 Denare	Alburnus, Maior	139 n.Chr.
domus partem dimidiam (Hälfte eines Holz-Hauses, renovierungsbedürftig)	300 Denare	Alburnus, Maior	2. Jh.
Tageslohn eines Bergwerksarbeiters	4 1/2 Asse	Alburnus, Maior	164 n.Chr.

Tausenden in großen Öfen gemeinsam gebrannten Produkte mehrerer Anlieferer vor nachträglicher Manipulation sicher. Nach dem Brand wurden die fertigen Gefäße den Teilhabern nach Maßgabe der Listen wieder ausgehändigt. Die jeweilige „Töpferrechnung" wurde danach entsorgt, was ihre Erhaltungschancen begünstigte, oder bisweilen als Ausschussware verkauft.

In den Markt- und Konsumalltag führen so genannte „Warenetiketten", kleine gelochte Bleianhänger, auf denen die Händler ihre Namen, Warenart, Menge, Preis und manchmal auch Namen von Kunden vermerkten. Sie waren an Säcken, Bündeln, Körben, Textilien u.a. Gütern befestigt, die sich nicht oder nur schwer beschriften ließen. Solche Fundstücke eröffnen Einblicke in Lebenshaltungskosten und Handelsangebote, auch wenn die Überlieferung insgesamt für wirtschaftshistorische Studien kaum

ausreicht. Die letztlich interessierende Beurteilung als „teuer" oder „preiswert" ließe sich nur wagen, wenn eine möglichst umfangreiche Vergleichssammlung zeitgleicher Preise und Löhne vorläge. Das ist stellenweise nur in Ägypten der Fall, wo erhaltene Papyrusarchive wesentlich bessere Voraussetzungen bieten. Dennoch seien in Tabelle 1 einige illustrative Beispiele vorgestellt, darunter Auszüge aus einer Wachstafel aus Alburnus Maior, die die Ausgaben für einen Festschmaus (eines collegium?) überliefert. Eine vorzüglich erhaltene Auflistung von Textilien, Lederarbeiten und ihren Preisen stammt aus Vindolanda (Tabulae Vindolandenses III Nr. 596). Anhaltspunkte bieten ferner die Angaben im so genannten „Höchstpreisedikt" Diokletians aus dem frühen 4. Jh., obwohl Vergleiche mit den spätantiken Verhältnissen problematisch sind.

80 Frauen am Werk
Über 400 Berufe kennen wir heute aus antiken Inschriften – vom Kissenhändler bis zum Bärenjäger. Die meisten von ihnen galten als „Männerangelegenheit". Frauen waren oft für die Buchhaltung zuständig und wurden speziell im Kopfrechnen ausgebildet. Das Grabrelief eines Fleischers aus Rom zeigt seine Frau im Korbsessel *(cathedra)* bei der Buchführung, indem sie ein Polyptychon beschreibt (2. Jh. n. Chr.).

81 *Assem habeas, assem valeas* – „Hast du was, bist du was"
Wie das Relief einer Pachtzahlung aus Neumagen bei Trier (3. Jh. n. Chr.) veranschaulicht, pflegte man auch größere Summen oft bar zu bezahlen und in Kontobücher (hier *Wachstafeln*) einzutragen. Das Prinzip des bargeldlosen Zahlungsverkehrs war bereits erfunden, wovon u. a. das Archiv des pompejianischen Bankiers *Iucundus* zeugt.

81

82 Kinderarbeit!

Arbeitsvertrag zwischen dem Bergwerksarbeiter *Memmius*, Sohn des *Asclepius* und *Aurelius Adiutor*, dem Pächter eines Goldbergwerks, aus Alburnus Maior (heute in Rumänien). Das saisonale Beschäftigungsverhältnis dauerte vom 19. Mai bis zum 13. November 164 mit 19 Tagen unbezahlten Urlaubs. Der Lohn für diesen Zeitraum betrug 70 Denare für ihn und je 10 Denare für seine Kinder. Bei Krankheit entfiel nicht nur der Lohn, der Arbeiter hatte vielmehr den Pächter finanziell zu entschädigen!

83 Großbetriebe und Massenproduktion

Die gallische „Terra Sigillata" war ein technologisch hoch entwickeltes Tafelgeschirr und weit verhandeltes Massenprodukt zugleich. Die dafür nötigen Großöfen betrieben spezialisierte Brennmeister, denen die Verantwortung für das Werk verschiedener Töpfer oblag. In einer so genannten „Töpferrechnung" aus Chémery (Lothringen) wurden 48 280 Gefäße abgerechnet, wohl eine ganze Saisonproduktion (1. Hälfte 2. Jh.). Am Anfang jeder Zeile stand vermutlich der Name des Töpfers:

[--- con?]STATA
[---]CLXX VASA XXXXVIIICCLXX
[---]LVIII über [[---XII]] VAS(a)

(I)(I)DCCCVIII über [[(I)(I)DCCXXXXVIII]]
[---] VAS(a) (I)C
[--- o]LLA CCLXXII VAS(a) (I)(I)DCCXXX
[---]CCLIIII
[---]LXXX[---?]
Übersetzung:
„[das Protokoll?] besteht aus (?):
an [---]170; Geschirr (insgesamt): 48.280
an [---]58 [[---12]]; vas: 2808 [[2748]]
[---] vas: 1100
[---] [o]lla (= Töpfe oder Trinkgefäße?):
272; vas: 2730
an [---]254
[---]80?"

84 Frisch geziegelt

Heizungsziegel (*later*) aus den Thermen von Baden-Baden mit vor dem Brand eingeritztem Graffito (Lesung R. Wiegels): *XV k(alendas) Sept(embres) n(umero) D (500)* – „Am 18. August (wurden) 500 (Ziegel hergestellt und zum Trocknen ausgelegt)". Nach dem Streichen der Ziegel wurden die Rohlinge in Reihen zum Trocknen ausgelegt und das Datum wohl auf einem außen liegenden Exemplar vermerkt. In der Regel handelt es sich um die „warmen" Monate. Eine Jahresangabe war in diesem saisonalen Gewerbe – leider – entbehrlich.

83

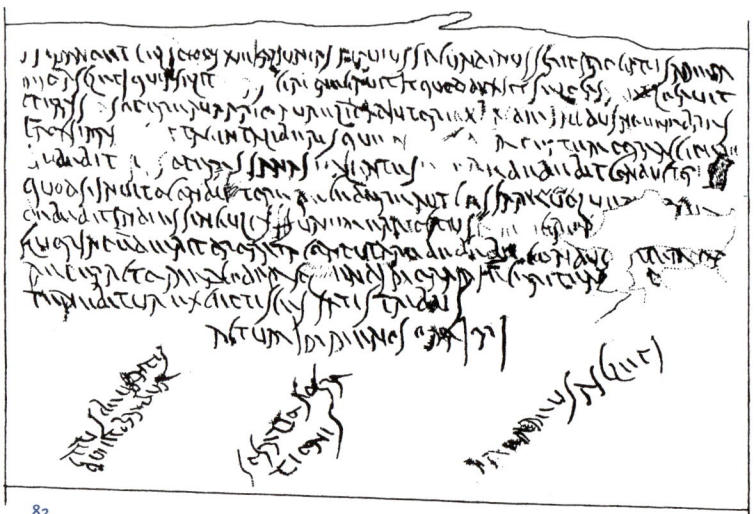

82

84

86

87

85

/ *Masso* / *fecit*. Links daneben: *Mat(e)r-nus* / *Maccius* / *Gratus*. – „Auf dem Land-gut des Dirox hat Masso, Sklave des Gratus, (Ziegel) hergestellt." (Lesung und Übersetzung nach R. Frei-Stolba). Gratus war offensichtlich Pächter einer Ziegelei, die dem Grundstückseigen-tümer Dirox gehörte. Der Sklave Masso dürfte Atelierchef des Gratus gewesen sein, dem die Arbeiter(sklaven) Mater-nus, Maccius und (ein anderer) Gratus unterstanden.

85 Aus dem Tagebuch
eines Ziegeleiarbeiters
Cum Anaillo dies [..] / cum Tertio dies I / inbricis dies III / inbricem baiolandam mortari(i) VI dies III / tegul(a)e in campo Rassur(a)e dies I / [P]atercli dies I. Abrechnung eines Ziegelarbeiters aus Montenach (dep. Moselle), der „[---] Tage mit Anaillo, einen Tag mit Tertius zu-sammenarbeitete, (davon?) drei Tage lang gekrümmte Dachziegel herstellte; hernach transportierte er drei Tage lang gekrümmte Dachziegel (*inbrices*), deren Menge 6 Trögen (*mortarii*) an Ton ent-sprach. An einem Tag lieferte er flache Dachziegel (*tegulae*) zum Grundstück

des Rassura, an einem weiteren zum Grundstück des Paterclus." (Lesung P. Wuilleumier).

86 „Ziegelrechnung"
aus Hummetroth (Odenwaldkreis)
Stratura tertia, laterc(u)li capit(u)lares n(umero) CCCLXXV – „Dritte Ziegelreihe (die zum Trocknen ausliegt, besteht aus quadratischen) Ziegelplatten von Kopf-größe (oder: Stirnziegeln?), Anzahl 375".

87 Sklavenarbeit
Leistenziegel aus Erlach (Kanton Bern) mit vor dem Brand eingeritzter Inschrift: *Possess[ione?]* / *Dirogis* / *Grati* / *serv(u)s*

88 „Ziegelrechnung"
aus Wettswil (Kanton Zürich)
Victor[is of(ficina) cur(ante)] / *Paridiani (servo) Erymo [---]*. – Die Interpretation dieses Textfragmentes orientiert sich an der Erlacher Ziegelinschrift (Abb. 87; Lesung M. A. Speidel). Demnach scheint Erymus, Sklave des Paridianus, im Auf-trag seines Herrn in der Ziegelei des Vic-tor Ziegel hergestellt zu haben.

88

Eine Bauanweisung aus der römischen Villa „Steingasse", Grenzach-Wyhlen, Kr. Lörrach

von Ulrike Herbermann

Eine bisher einmalige Art von Graffito ist auf einer grauweißen Marmorplatte aus Grenzach erhalten. Die Oberseite ist poliert, auf der Unterseite sind längliche Glättungsspuren erkennbar. Alle vier Seiten weisen Bearbeitungsspuren auf, wobei die untere Seite gerade abgeschlagen und die obere leicht gerundet ist. Die Steinplatte hat eine handliche Größe von ca. 7,6 cm Länge, ca. 6,2 cm Breite und eine Stärke von 2,5 cm. Sie wurde in den untersten Verfüllschichten aus Bauschutt im Bereich zwischen dem Hauptgebäude und einem davor liegenden Wasserbecken gefunden.

Der kursive Text wurde mit einem scharfen Gegenstand eingeritzt und orientiert sich dabei an den Bruchkanten. Er besteht aus fünf Zeilen, wobei die Zahlenangabe der fünften Zeile noch zur vierten Zeile gehört, da sie direkt unter ihr in die rechte Ecke eingefügt worden ist. Fast regelmäßig wurden Worttrenner eingefügt.

ad pod(ium) LVI / lat(um) p(edes) III, m(edium?) oder m(eridiem?) p(edes) III s(emis) / substern(ere?) bus(?) XVI(?) oder XV s(emis?) / alt(um) p(edes) II sept(emtrionem) p(edes) / II. –

„Bis zum Podium 56,/ in die Breite 3 Fuß, zur Mitte oder: nach Süden 3 $\frac{1}{2}$

Fuß/ zu unterlegen BVS(?) 16 oder 15 $\frac{1}{2}$ / in der Höhe 2 Fuß, nach Norden 2 Fuß."

Die zwei Schlüsselwörter, die den Text auch inhaltlich gliedern, sind *pod(ium)* in der 1. Zeile und *bvs(?)* in der 3. Zeile. Die ursprüngliche Bedeutung von *podium* ist der Tritt, trittartige Erhöhung und im übertragenen Sinn Postament, Terrasse. Nicht nur im Tempel- und Theaterbereich wird die Bezeichnung *podium* verwendet, sondern auch Säulenpostamente in Innenhöfen und der Sockelbereich von Wänden werden so bezeichnet (Vitruv VII 4, 4).

Die unzureichenden Angaben auf dem Grenzacher Stein, die unscharfe Verwendung des Begriffes sowie die unvollständige Freilegung des Hauptgebäudes lassen leider keine Lokalisierung des hier genannten Podiums zu.

Die Auflösung des zweiten Schlüsselwortes *bvs(?)* muss offen bleiben. Es kann sich nicht um die Endung des vorherigen Wortes handeln, da zwischen beiden Wörtern deutlich eine Leerstelle zu sehen ist. Es dürfte sich um eine für uns nicht mehr geläufige Abkürzung (für Ziegel?) handeln, die in Verbindung mit dem davor gesetzten Verb *substern(ere)* zu sehen ist.

Alternativ ließe sich eventuell auch *obs(taculum)* = „Hindernis" lesen.

In den antiken Quellen, die über Architektur und bauliche Fragen berichten, wird das Verb *substernere* selten verwendet. Vitruv benutzt den Ausdruck nur zweimal, und zwar im Buch VII über die Herstellung von Estrich. Vitr. VII 1,2: „Ist der Dielenfußboden fertig, soll, wenn man es hat, Farnkraut, oder, wenn man das nicht hat, Spreu darüber *gestreut* werden, damit das Holz gegen die ätzende Wirkung des Kalks geschützt wird". Vitr. VII 1,7: „Scheint es aber, dass man noch sorgfältiger verfahren muss, so lege man über die Estrichmasse, nachdem eine Mörtelschicht *ausgebreitet* ist, 2 Fuß große unter sich verbundene Ziegel". In beiden Fällen wird das Verb mit der Bedeutung von unterlegen, streuen verwendet. Auch für Grenzach muss man aufgrund dieses Verbs auf eine Art Unterlage für ein Pflaster o. Ä. schließen. Auffällig ist die Übereinstimmung der Maßangabe von 2 Fuß mit der Vitruv-Stelle.

Nach den zwei Schlüsselwörtern folgt jeweils eine größere Zahlenangabe ohne Maßeinheit, während vor den kleineren Zahlenangaben ein *p(edes)* steht. Unklar ist, um welche Maßeinheit es sich bei den beiden hohen Zahlenangaben handelt. Das Weglassen von Maßeinheiten ist in römischer Zeit durchaus üblich: So wurden auf der Grabanlage von Claudia Pelores und Tiberius Eutychus die Angaben zur Ausdehnung des Grabgrundstückes direkt an den Mauern angebracht, jedoch ohne Hinzufügung der Maßeinheit *pes* (CIL VI.4, 29 847a). Für den Grenzacher Graffito sind folgende zwei Interpretationen möglich: 1. Alle Zahlen sind Fußmaße, der Schreiber hat dies nur nicht konsequent gekennzeichnet. 2. Die Angabe oder Auslassung von *p(edes)* vor den Zahlen weisen auf zwei unterschiedliche Maßeinheiten hin. Für die nicht genannten Einheiten kämen dann *passus/gradus*, Kubikfuß oder auch Stückzahlen infrage.

Die Bezeichnungen *lat* und *m* in Zeile 2 nehmen eindeutig Bezug auf *ad pod(ium)*, während *alt* und *sept* sich auf *bvs(?)* beziehen. *Lat* und *alt* lassen sich zu *latum* (breit) und *altum* (hoch) auflösen. Gerade in Inschriften wird diese Form regelhaft verwendet (CIL VI 11685). *M* lässt sich einerseits zu *medium* (mittlere, mittig, zur Mitte) oder zu *meridiem* (nach Süden) ergänzen. Wahrscheinlicher scheint *meridiem*, wenn in der 4. Zeile *sept* zu *septemtrionem* (nach Norden) aufgelöst wird. Ähnliche Angaben von Himmelsrichtungen sind z.B. auch auf einem Grundrissplan eines Hauses von Oxyrhynchos aus dem 2. Jh. n.Chr. zu finden (Oxy. XXIV 2406).

Aufgrund der verwendeten Wörter und Zahlen liegt die Vermutung nahe, dass es sich bei dem Graffito

89 Grenzach, Kreis Lörrach. „Bauprotokoll" auf einer Marmorplatte

von Grenzach um eine „Notiz" zu einem Bauvorhaben handelt.

Grundrisspläne, aber auch Modelle waren in der Antike gängig, wenn auch nur wenige erhaltungsbedingt auf uns gekommen sind. In der Regel sind die Baupläne auf Pergamentbögen aufgezeichnet worden, wie z. B. der Hausgrundrissplan aus Oxyrhynchos, seltener auf Stein wie die Forma Urbis Marmorea in Rom.

Es handelt sich bei den meisten Plänen wohl um die Fixierung von Absprachen zwischen Bauherrn und Architek-

ten. Der Weg vom Entwurfsstadium zum fertigen Gebäude war lang und konnte jederzeit gemäß den Wünschen der Auftraggeber oder neu eintretenden Begebenheiten geändert werden. Cicero überwachte z. B. persönlich die Arbeiten am Bau und ließ sogar kurzfristig noch einige Sachen ändern (Cic. ad Q. fr. 3,1,1; 3,1,2). Um eine derartige Änderung vor Ort (?), die mangels Schreibmaterial auf einer handlich zurecht geschlagenen Marmorplatte fixiert worden ist, handelt es sich vermutlich bei dem Grenzacher Graffito.

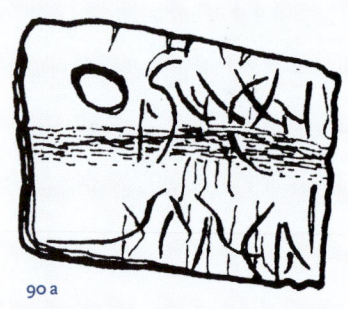

90 a

90 b

90 Handel mit Opferfleisch?

Bleietikett aus Mainz, das dreimal verwendet wurde (2./3. Jh.). Die älteren Be-
schriftungen wurden durch Flachhämmern getilgt, sind aber stellenweise noch
entzifferbar.

1. Phase
VS ungedeutete Schriftreste; RS mittig:
P(ondo) II – „2 Pfund"

2. Phase
VS unten: *P(ondo) IIII* – „4 Pfund";
RS *CALIITVS / CAND[---]* oder *CANT[---]* –
„Caletus, Sohn des Can(didus?)"

3. Phase
VS *SIICVN[dus, -dius, -dinus]? / SARCA* –
„Secun(dus?) / Fleisch"; RS *TAVR(inus) /
P(ondo) II* – „Fleisch vom Stier (= Opfer-
fleisch?) / 2 Pfund".

Die rechte Kante scheint später abgebro-
chen und grob gefeilt worden zu sein.
Die Etikette war also ursprünglich größer
und wurde für eine nicht mehr erfolgte
vierte Verwendung vorbereitet, dann aber
doch verworfen und zum Einschmelzen
geknickt.

91a/91b Soldatenmantel
für 7 Denare

Bleietikette (Warenanhänger) aus Kempten: VS *Scitos Biraci* („Scitos, Sohn
des Biracus", Hersteller?), RS *sag(um)*
(denarios) VII („Mantel, 7 Denare").

92 Markttage in Aventicum

Bruchstück bemalten Wandverputzes aus
Avenches mit Graffito: *IIII nonas / Apriles /
die Martis* – „Am 2. April, am Dienstag".
An dieser Datumsangabe fällt die ausdrück-

91 a

92

91 b

liche Erwähnung des Wochentages auf,
während das Jahr keine Rolle gespielt zu
haben scheint. Es könnte sich demnach um
die Ankündigung des nächsten Markttages
oder eines Geschäftstermins gehandelt
haben.

10.
„Wer nicht gut gelernt hat, pflegt ein Schwätzer zu sein!" – Das Schulwesen in römischer Zeit

93 Schüler und ihr Lehrer:
Das Schulrelief von Neumagen

Ein staatliches Schulwesen hat es in der Antike nie gegeben. Die Kenntnis des Lesens und Schreibens musste folglich privat erworben werden und hing damit auch von den finanziellen Möglichkeiten des Einzelnen ab. Das Einschulungsalter lag in der Regel zwischen dem 5. und 6. Lebensjahr. Obwohl private Lehrer im Römischen Reich in größerer Anzahl bekannt sind – aus Worms kennen wir sogar einen Mathematiklehrer (*doctor artis calculaturae*) namentlich, scheint die Mehrzahl der antiken Jugend keinen regelmäßigen Schulunterricht erhalten zu haben. Moderne Schätzungen zum Analphabetentum im Imperium Romanum kommen zu sehr unterschiedlichen Ergebnissen, stimmen aber fast ausnahmslos darin überein, dass nur eine Minderheit der römischen Bevölkerung in der Lage

war, längere Texte selbst zu verfassen oder zu lesen. Der größte Teil der Provinzbevölkerung musste zudem Latein als Fremdsprache erlernen. Die in antiken Urkunden immer wieder erwähnten professionellen Schreiber (*scribae*), die für

94 Schreibübung auf einer Wachstafel:
In das Holz durchgedrücktes Alphabet auf einem Schreibtäfelchen aus Sulz a.N.

schrift- bzw. lateinunkundige Vertragspartner tätig wurden, sprechen hier eine deutliche Sprache!

Andererseits dokumentieren die fast überall gefundenen Schreibgriffel (*stili*) einen weit verbreiteten Bedarf an schriftlicher Fixierung. Natürlich gab es hierbei Unterschiede zwischen Stadt und Land, mehr oder weniger romanisierten Provinzen oder auch zwischen den vom Militär beeinflussten Grenzzonen und dem Hinterland. Für den sozialen Aufstieg jedoch war das Erlernen der Schrift unabdingbar. Originalfunde römischer Schreibübungen finden sich jedenfalls bei Ausgrabungen immer wieder: z. B. auf hölzernen Schreibtäfelchen, auf Ziegeln, Hauswänden oder sogar Schieferscheiben.

Wie heute auch, gab es verbindliche Rechtschreibregeln, die aber im Alltag offenbar nur eine untergeordnete Bedeutung besaßen.

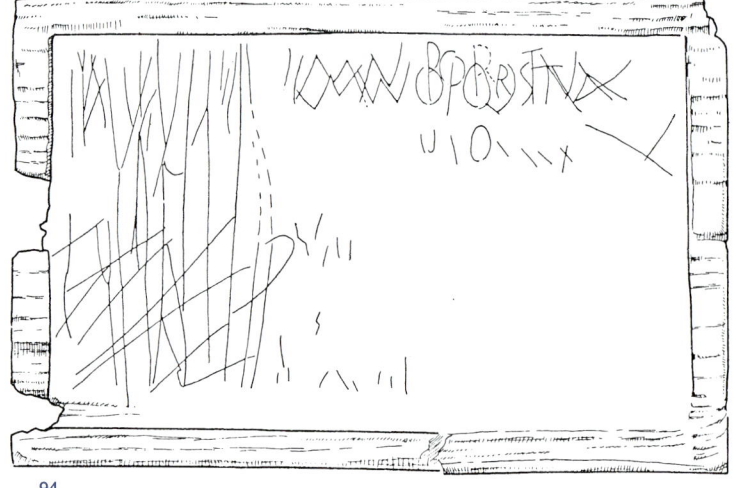

94

Nicht selten schrieb man nämlich einzelne Wörter „nach Gehör", wie entsprechende Fehler immer wieder zeigen. Sogar in „höchsten Kreisen" kam dies vor; von Kaiser Augustus (31 v. Chr. – 14 n. Chr.) etwa berichtet der römische Geschichtsschreiber Sueton Folgendes:

„Mit der Orthographie, und zwar mit der von den Grammatikern eingeführten vorschriftsmäßigen Rechtschreibung, hat es Augustus nicht sehr genau genommen. Vielmehr scheint er sich der Ansicht der Leute angeschlossen zu haben, welche der Meinung sind, man müsse schreiben wie man spricht. Dass er übrigens häufig nicht nur Buchstaben, sondern auch Silben verwechselt oder auslässt, das sind Schreibfehler, die bei jedem vorkommen können."

96

96 Schreibübung auf Stein:
Angefangenes Alphabet auf einer Schieferscheibe aus Nida-Heddernheim.

97 Eingeritzte Neckerei

zwischen zwei Schülern auf einem Wandverputz der römischen Villa von Bad Neuenahr-Ahrweiler: *Qui bene non didicit carrulus esse solet* – „Wer nicht gut gelernt hat, pflegt ein Schwätzer zu sein". Darunter: *scriptum me docuit Grati crudelis habena* – „Die Peitsche des grausamen Grat(t)ius hat mich die Schrift gelehrt".

98 Klassische Bildung auf einem Ziegel:

Der nur teilweise erhaltene Ziegel aus Unter-Eschenz, Kanton Thurgau, trägt den eingeritzten Vers aus Vergils Heldenepos Aenaeis (XI, 1–2): *Oceanum interea surgens aira (= Aurora) reliquit / Aeneas quamqua(m) et sociis dare tempus humandis.*

95 Schreibübung auf Ton:
Bruchstück eines Dachziegels, in den vor dem Brand drei Alphabete untereinander eingeritzt worden waren.

95

98

11.
Im Dialog mit den Göttern – Kult, Magie und Aberglaube

99

99 Dem Nothelfer Hercules geweiht

Schrift war wesentlicher Bestandteil antiker Religion. Viele Kultgemeinschaften führten über Opferhandlungen Buch oder gestalteten Rituale nach Textvorlagen. In die verputzten Wände des Heiligtums von Châteauneuf (Dep. Savoie) beispielsweise hatten Pilger zahlreiche Gelübde, Gebete, Opferprotokolle und Spendenlisten geritzt. Kalender legten Feiertage fest (z. B. das so genannte *feriale Duranum*, ein Papyrus aus Dura Europos, oder der so genannte „Druiden-

Das Inventar des 2002 entdeckten Opferdepots von Marktoberdorf-Kohlhunden (Ostallgäu) umfasst wahrscheinlich die vollständige Ausstattung eines Opfermahls für vier bis fünf Personen, die nach dem Ritual vergraben und dadurch profaner Nutzung entzogen wurde. Auf dem Foto ist nur das Tafelgeschirr aus Terra Sigillata abgebildet, es gehörte jedoch auch eine vollständige Küchengeschirr-Ausstattung dazu sowie ein Schreibset mit bronzenem Tintenfass, eisernem Pergamentglätter und Messer zum Spit-

zen der Schreibfeder (*calamus*). Zwei beinerne Verschlussplättchen einer Pergamentrolle fanden sich ebenfalls. War auf ihr die Opferhandlung protokolliert worden? Drei der kugelförmigen Trinkbecher aus Terra Sigillata tragen eingeritzte Weiheinschriften, die Hercules und lokale *numina* als göttliche Adressaten nennen. Die deutlich unterschiedlichen Handschriften lassen daran denken, dass die sakralen Graffiti erst während der Kulthandlung angebracht wurden. Einfache Besitzermarken verraten, dass ein Teil des Geschirrs dem Hausrat entnommen war.

100 a

100 b

**100a/100b Tonrädchen
mit Isis-Weihung aus Köln:**

Isidi / [Lu?]canus / Regilli / Superbus –
„Der Göttin Isis geweiht von Lucanus(?),
Sohn(?) des Regillus, (und) Superbus"
(Lesung und Übersetzung nach B. Gals-
terer). Die Weihung wurde vor dem Brand
in den weißen Ton geritzt. Das Rädchen
gehörte als fahrbarer Untersatz zu einer
Reiter-Terrakotta aus Kölner Produktion.

kalender" aus Coligny, ein in gallischer Sprache auf Bronzetafeln
gravierter Festtagskalender),
Weihegaben und Kultgeschirr
wurden oft mit Weiheinschriften
versehen.

Räucherkelch
mit Weiheinschrift

von Jean Krier

Abb. 101a/101b

Im Jahre 1992 konnten bei der
Durchsicht der nicht-inventarisier-
ten Altbestände der archäologischen
Sammlungen des Luxemburger Na-
tionalmuseums in einer Holzkiste,
zusammen mit diversen anderen
Keramikfragmenten, auch die Bruchstücke von zwei größeren, auf der
Außenseite der Wandung mit auf-
gemalten Inschriften verzierten so
genannten Räucherkelchen wiederentdeckt werden. Wenn auch die
genaue Herkunft des Kisteninhalts
nicht mehr mit letzter Sicherheit
zu bestimmen war, so sprach doch
einiges dafür, dass es sich um Keramik aus der 1899 vom Museum
angekauften Sammlung des Dal-
heimer Notarschreibers Ernest Du-
paix handelte, welcher besonders
in den Sechzigerjahren des 19. Jh.
überaus erfolgreiche Ausgrabungen
im Tempelbezirk des römischen
Vicus von Ricciacum-Dalheim im
westlichen Trevererebiet, durchgeführt hatte.

Während von dem einen Räucherkelch (Randdurchmesser: 22,4 cm)
nur ein einziges größeres Fragment
vorhanden war (Abb. 101a), ließ sich
das zweite Gefäß aufgrund der vier
erhaltenen Bruchstücke vollständig
rekonstruieren (Abb. 101b). Das Er-
gebnis dieser mehr künstlerischen
als handwerklichen Restaurierungs-
arbeit ist ein Objekt, welches in seiner Art bislang einzigartig ist und
ohne Zweifel ein neues Licht auf die

gesamte Fundgattung der so genannten Räucherkelche wirft.

Der Räucherkelch aus Luxemburg
(Randdurchmesser: 21,6 cm, Höhe:
18,5 cm) erweist sich als Produkt eines mehrstufigen Arbeitsprozesses
in der Werkstatt eines erfahrenen
Töpfers. Zunächst wurden die beiden
Teile des Gefäßes (Körper und hoh-
ler Stängelfuß) auf der Drehscheibe
vorgeformt, dann zusammengesetzt
und mit einem stark profilierten dop-
pelten Wellenband am oberen Rand
und einem Fingertupfenband auf der
Oberseite der Standfläche des hohen Fußes verziert. Bereits zu diesem
Zeitpunkt des Produktionsprozes-
ses war vorgesehen, auf der steilen
Außenwand des Gefäßkörpers eine
mehrzeilige Inschrift anzubringen,
da der Töpfer zu diesem Zweck auf
der Drehscheibe mehrere regelmäßig voneinander abgesetzte konzen-
trische Rillen in die Wandung eingravierte. Anschließend wurde das
so vorgeformte Gefäß im Töpferofen
klingend hart gebrannt. Während
der Ton im Bruch graublau erscheint,
ist er an der Oberfläche hell orange-
rot. Nach dem Brand wurde der
Kelch vollständig mit einem fein ge-
schlämmten orangeweißen Ton-
schlick überzogen. In die noch nicht
ganz trockene Überschlämmung
wurden anschließend die einzelnen
Buchstaben der vorgesehenen Inschrift mit einem nicht mehr zu
identifizierenden Utensil vorgeritzt.
In einer letzten Phase des Herstel-
lungsprozesses wurde der obere
Gefäßrand an der Außenseite (über
dem oberen Wellenband) rötlich
orangefarben übermalt. Mit der glei-

chen Farbe wurden dann auch die im Schnitt 1,4 cm hohen Buchstaben der vierzeiligen Inschrift auf die Wandung aufgemalt.

Entsprechend der konischen Form des Gefäßkörpers waren die vier Textzeilen unterschiedlich lang: Z. 1: 52 cm, Z. 2: 48 cm, Z. 3: 44 cm und Z. 4: 40 cm. Von den beiden ersten Zeilen ist demnach jeweils etwas mehr als ein Drittel (19 bzw. 17 cm) erhalten. Die Buchstaben sind in einer leicht zur Kursive tendierenden Kapitalschrift ausgeführt. Runde Trennungspunkte sind in den Z. 2 und 3 erhalten, wurden aber ansonsten nicht systematisch als Worttrenner eingesetzt. Der nicht vollständig zu ergänzende Text der Inschrift lautet folgendermaßen:

1 *[IN HO]NORE(m) DOMV[S DIVINAE]*
2 *I(ovi) O(ptimo) M(aximo) [- - - GENIO] LOCI*
3 *P(ublius ?) B[- - -]IVIVS*
4 *[V]OT[VM SOLVIT LIBENS MERITO ?]*

101 b

Es handelt sich demnach im vorliegenden Fall um eine „klassische" Weiheinschrift, wie wir sie in ähnlicher Formulierung von zahlreichen Stein- und Metallinschriften kennen. Die Eingangszeile mit der stereoty-

pen Devotionsformel „zu Ehren des göttlichen Kaiserhauses" ist, zusammen mit dem abgekürzten *honore(m)*, als Indiz für eine Datierung etwa in die erste Hälfte des 3. Jh. n. Chr. zu werten. Da die beiden letzten Zeilen eindeutig belegen, dass der Räucherkelch mit der Inschrift aufgrund eines Gelübdes von der in Z. 3 genannten Person geopfert wurde, muss davon ausgegangen werden, dass die einzigartige Votivgabe als Auftragsarbeit bei einem lokalen Töpfer angefertigt worden war.

Während eine Weihung an *Iupiter Optimus Maximus* im Vicus von Dalheim nicht weiter verwundert, überrascht im vorliegenden Fall die Erwähnung des *Genius Loci*, da bisher aus dem ganzen Bereich der Provinz Gallia Belgica kein einziger sicherer Beleg für eine Weihung an den *Genius Loci* vorlag. Vielleicht muss der hier vorgestellte Räucherkelch, wie eine Reihe anderer Funde des 3. Jh. aus Dalheim, als Indiz für eine gewisse militärische Präsenz (Benefiziarierstation?) innerhalb der zivilen Bevölkerung des Vicus angesehen werden.

Literatur: J. Krier. Neue Zeugnisse der Götterverehrung aus dem römischen Vicus Dalheim. Hémecht 44, 1992, 55–82; zu Räucherkelchen: C. Nickel. Gaben an die Götter. Der gallo-römische Tempelbezirk von Karden (Kr. Cochem-Zell, D). Montagnac 1999 = Archéologie et Histoire romaine 3), 111–114, 141–144 (mit weiteren Literaturangaben); zum Formular und zur Datierung: M.-T. Raepsaet-Charlier. DIIS DEABVSQVE SACRVM. Formulaire votif et datation dans les Trois Gaules et les deux Germanies, Paris 1993 (= Gallia Romana I).

IM BANNE BÖSER ABSICHTEN: FLUCHE, WENN IRDISCHE GERECHTIGKEIT VERSAGT

Mit der Schrift werden erstmals Einblicke in die religiöse Vorstellungswelt der Menschen vor 2000 Jahren möglich. Besonders eindrucksvoll sind auf Bleiblech geschriebene Verwünschungen und (Rache-)Gebete, mit denen Götter oder Dämonen um Hilfe beschworen werden sollten. Hass auf persönliche Feinde, Rache für erlittenes Unrecht, aber auch unerfüllte Liebe bzw. Eifersucht bildeten die häufigsten Motivationen für diese so genannten „Fluchtäfelchen" (*laminae/ tabulae defixionum*). Damit sind sie Zeugen der schillernden Welt des Aberglaubens und oft zugleich ein Spiegel täglicher Kleinkriminalität, denn sehr häufig wurden Diebe und oft auch deren Mitwisser verflucht (s. Kap. 8). Gladiatoren und Wagenlenker, deren Sieg man verhindert wissen wollte, gehörten zu

101 a

Mithraskultgefäß mit Ritzzeichnungen

von Lothar Schwinden

Abb. 102–107

Fundort: Trier, Tempelbezirk im Altbachtal, Mithräum. Gefunden 1928–1930.

Schwarzfirnisgefäß. Höhe ca. 25 cm. Durchmesser maximal 27,5 cm. Durchmesser der Mündung 16,5 cm. Wandstärke ca. 4–5 mm. 2. Hälfte 3. Jh. n.Chr.

Eine Reihe von Gefäßen aus dem Mithraskult sind bekannt, auch aus verschiedenen Mithräen in Trier. Hinzugerechnet werden darf jetzt ein weiterer Fund, der als Altfund vor seiner Teilpublikation bereits seit dem 2. Weltkrieg verschollen war und jetzt wiederentdeckt werden konnte. Die Publikation von E. Gose (1972) hatte sich auf eine alte, ungenaue Skizze einiger Scherben beschränken müssen. Die Scherben sind über mehrere Jahre hin bei den Ausgrabungen von 1928 bis 1930 in der Umgebung um den Brunnen vor dem Mithräum im Altbachtal gefunden worden.

Es handelt sich um ein Schwarzfirnisgefäß von beachtlicher Größe. Der Fuß ist nicht erhalten. Der bau-chige Becher mit einem bereits etwas höheren, geneigten Hals und rundstabartig verdickter Lippe (Typ Niederbieber 32 c) ist sehr dünnwandig aus rotem Ton mit einem schwarzen Überzug von metallischem Hochglanz. Drei um den Bauch verlaufende Kerbbandstreifen in Rädchenstrichelung gliedern das Gefäß in vier Zonen, auf die auch die nach dem Brand angebrachten, in ihrer Ausfertigung naiven Ritzzeichnungen Rücksicht nehmen.

Die beiden mittleren Zonen um den Bauch des Gefäßes sind offensichtlich die Hauptregister mit Mithrassymbolen. Dem oberen Register um den Gefäßbauch gehören ein *Sol* mit Peitsche und Sonnenstrahlen sowie ein Fackelträger mit erhobener Fackel (*Cautes*) an. Links des Fackelträgers ist ein Vogel mit eindeutig zu ergänzendem Graffito *[co]rax* – „Rabe" statt drei nichtssagenden X nach der alten Zeichnung eingeritzt. Ein weiteres Fragment zeigt wohl Pfeil und noch zu ergänzende Mütze; darüber, bereits in der Halszone, ist noch ein Inschrift-rest *]RIS[*, vielleicht für *pat]ris*? Das untere Register des Bauches enthält noch einen größeren Pfeil nach rechts und den hinteren Rest eines Tieres, wohl eines Löwen sowie weitere Pfeile und zwei Dolche. Die Fußzone weist verschiedene Tiere auf. Als Vögel sind Rabe oder Taube im Mithraskult die wahrscheinlichsten, aber hier nicht sicher wiederzuerkennen. Eher als um Kriechtiere handelt es sich bei den weiteren Wesen um Delfine, die Begleiter des *Perses*.

Allen Motiven ist ein hoher Symbolgehalt zuzumessen. Im oberen Register des Bauches sind zu ergänzen *Luna* neben *Sol* und *Cautopates* parallel zu *Cautes*. Ein Bildinhalt zu den Mythen um Mithras selbst, eine Felsgeburt oder eine Stiertötung, sind in keinem Rest zu identifizieren. Alle Symbole deuten auf die verschiedenen Weihegrade hin.

Literatur: E. Gose. Der gallo-römische Tempelbezirk im Altbachtal zu Trier. Trierer Grabungen und Forschungen VII (Mainz 1972) 115f. m. Abb. I.; L. Schwinden. Zu Mithrasdenkmälern und Mithraskultgefäßen in Trier. Trierer Zeitschrift 50, 1987, 269–292

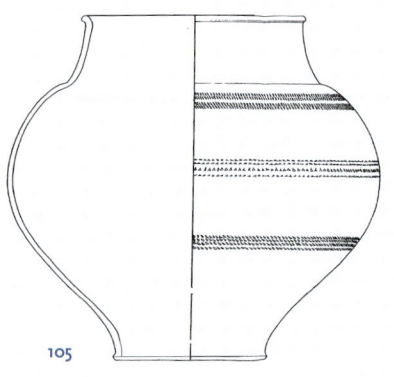

105

106

107

102–104

den häufigsten Verwünschungs-
opfern. In der Regel ging es darum,
Mitmenschen durch göttliche Ein-
wirkung zu beeinträchtigen, zu
schädigen, dem eigenen Willen zu
unterwerfen oder gar zu vernichten.

Die Texte der bleiernen – die
Schwere und Schädlichkeit des Bleis
sind sinnfällig – Täfelchen können
im Umfang ebenso stark variieren
wie die Blechstücke selbst. Manchmal tragen sie lediglich den oder
die Namen des/der Opfer(s), gegebenenfalls durch die Zusätze *ini-
mici* ("persönliche Feinde") und *ad
inferos* ("hinab zu den Unterwelts-
göttern") ergänzt, so z. B. einige
Fluchtäfelchen aus Bad Kreuznach
(CIL XIII 7550–7555). In anderen
Täfelchen werden die beabsichtigten
Schadenswirkungen teilweise fanta-
siereich beschrieben, der Anlass zur
Verfluchung erwähnt oder das Opfer
mit Hasstiraden überhäuft. Gleich-
wohl erfolgte die Abfassung solcher
Gebete nicht willkürlich, sondern
je nach Zweck unter strenger Befol-
gung magischer Formeln, die in Zau-

berbüchern festgehalten waren. Auszüge davon sind auf ägyptischen
Papyri überliefert. Der Zauber wurde
nach antiker Vorstellung nur wirk-
sam, wenn er "gebunden" wurde.
Dies konnte durch Rollung, Faltung
oder Festnagelung (*defixio*) der beschriebenen Tafel geschehen. Manche Texte wurden durch Spiegel-
schrift, Kopfstellung von Buchstaben
und Vertauschung der Silben ent-
stellt – kein Sterblicher sollte sie je
lesen! Die meisten Flüche wurden
eingeritzt, andere, die wohl mit Tinte oder Blut geschrieben waren
(s. Abb. 16 und 17), haben sich nicht
erhalten, so z. B. im Falle einiger
"leerer" Fluchtäfelchen aus dem
Trierer Amphitheater. Danach galt
es die Tafel dort zu verbergen, wo
sie den oder die göttlichen Adres-
sat(en) erreichen konnte, etwa in
Quellen, Gräbern, Heiligtümern,
Gewölben oder Gruben. Doch damit nicht genug: Die Zauberpapyri
beinhalten auch Anweisungen für
magische, Voodoo-artige Opferritu-
ale, die damit verbunden waren.

Mit magischen Beigaben ist zu rechnen, auch wenn diese oft aus ver-
gänglichem Material bestanden und
nicht erhalten sind, wie z. B. Bart-
haare eines Katers, Milch einer
schwarzen Kuh oder in Quellwasser
ertränkte Spitzmäuse. Nachlässig-
keiten und Ungenauigkeiten bei
der mündlichen oder schriftlichen
Formulierung eines Fluches sowie
beim Ritual bargen nach antiker
Vorstellung die Gefahr negativer
Rückwirkung auf den Fluchenden
selbst. Es verwundert daher nicht,
dass mancher einen professionellen
Magier einschaltete. In einer *defixio*
aus El Jem (Tunesien) ist ein solches "Magierbüro" (*officina magica*)
belegt.

Die Ausübung von Schaden-
zauber war verboten und wurde im
Extremfall mit dem Tode bestraft.
Dennoch verbreitete sich diese
Praxis orientalischer Magie über
das ganze Imperium, wo sie vom
1. Jh. v. Chr. bis zum 5. Jh. n. Chr.
nachweisbar ist.

"Nimm eine Bleiplatte, schreib auf sie mit Bronzegriffel die
folgenden Worte und die Figur (...), bestreich sie mit Blut einer
Fledermaus, falte sie zusammen, wie üblich; nachdem du eine
Kröte aufgeschnitten hast, steck die Platte in ihren Magen,
näh ihn mit Anubisfaden und Bronzenadel zusammen und häng
das an ein einheimisches (Schilf-/Papyrus-)Rohr mit Haaren
vom Schwanze einer schwarzen Kuh (...) im Osten der Stätte,
nahe dem Sonnenaufgang."

ANWEISUNG AUS EINEM ZAUBERPAPYRUS, 4. JH. N.CHR.

---

108 a/b/c „Priscilla, die Verräterin"
VS: *Deum . maxime (sic!) Atthis (sic!)
Tyranne / totumque duodeca theum,
comme/ndo deabus iniurium fas ut me
vindic/(e)tis a Priscil(l)a Caranti (filia)
quae nuberi (sic!) er(r)a/vit, pe(r) Matrem
Deum vestrae ut / [v]indicate sacra pa-
ter[na], / P[ri]scil(l)a] / pereat. –*
„Größter aller Götter, unumschränkter
Gebieter Att<h>is, Gesamtheit der zwölf
Götter (des Pantheons)! Ich überantworte
euch Göttern mein ungerechtes Schick-

108a

108b

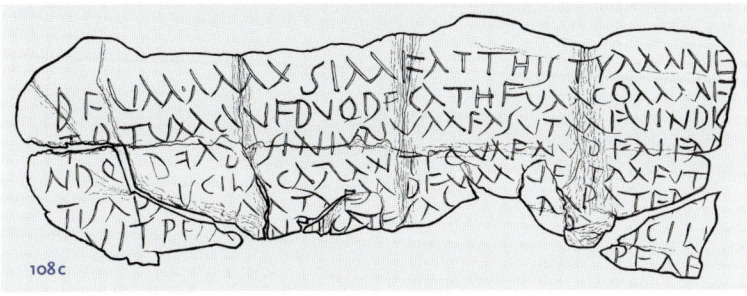

108c

der *Priscilla* verborgen worden? Bemerkenswert ist der griechische Ausdruck *duodeca theum* in lateinischen Buchstaben. Datierung: um 100 n. Chr.

● Der Person, die von Mi. auf Do., 2.30h, beim "Lienhardt" mein rotes Rennrad geklaut hat, wünsche ich Pech bis ans Lebensende; mögen an Deinem Körper unzählige schmerzhafte Furunkel sprießen!

109

109 Verfluchter Fahrraddieb!

Inserat aus dem Freiburger Anzeigenblatt „Zypresse" im Jahre 1999 n. Chr.

110 Festgenagelt

Eine klassische defixio (Festnagelung) ist dieses Verfluchungstäfelchen aus Avenches. Der rückläufig geschriebene Text ist zwar gut leserlich, jedoch schwer verständlich (Lesung R. Frei-Stolba). Offenbar verflucht ein verlassener Liebhaber seine abtrünnige Geliebte und einen verräterischen Dritten, indem er beiden den Tod wünscht.

110

sal, auf dass ihr mich an *Priscilla*, Tochter des *Carantus*, rächt, die den großen Fehler beging zu heiraten. Rächt Ihr mithilfe der Großen Göttermutter die altehrwürdigen, heiligen Werte (oder: Die heiligen Dinge / Gefühle des *Paternus*), auf dass *Priscilla* zugrunde gehe!"
RS: *Per Matrem Deum intra dies C(?) cito, / vindicate numen vestrum magnum / a Priscilla quae detegit sacra, Pris/cillam usqu(a)m nullam numero, nu[p]/sit gentem, tremente Priscilla / quam / er(r)ante. –*

„Mithilfe der Großen Göttermutter (Kybele) rächt Eurer großes göttliches Wesen bald, innerhalb von hundert(?) Tagen, an *Priscilla*, die heilige Werte verraten hat! *Priscilla* erachte ich auf jede Weise als ein Nichts. Sie hat einen Nichtsnutz geheiratet, weil *Priscilla* ebenso geil ist wie ahnungslos".
Dieses Fluchtäfelchen wurde 1999 im Vicus von Groß-Gerau (Hessen) zwischen römischem Fachwerk-Bauschutt entdeckt. War es etwa im Bereich des Wohnhauses

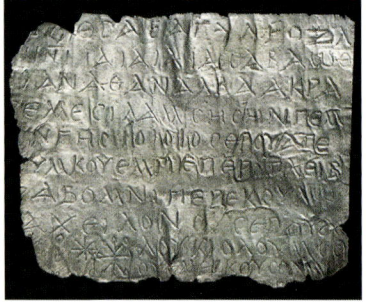

111

111 Silberne Zaubertafel

aus den Thermen von Badenweiler (Lesung H. U. Nuber). Der in zehn Zeilen erhaltene, ursprünglich sicher längere Text ist weit gehend lateinisch, jedoch in griechischen Buchstaben geschrieben. Astrologische Zeichen leiten die Zeilen 9 und 10 ein. Gebetsartig werden orientalische Dämonen, u. a. *Sabaoth*, beschworen, einen *Luciolus sive Mercussa* (den „Kleinen am Tage Geborenen" mit dem gallischen Zweitnamen *Mercussa*), Sohn der *Lib[---]*, vor aller Gefahr zu bewahren (*ab omni pereculo = periculo ... servate*). Datierung: 3. Jh. n. Chr.
Neben dem negativen Schadenzauber auf Blei gab es auch positiven Schutzzauber (z. B. Amulette gegen Kopfschmerzen oder den „bösen Blick"), der auf wenige Zentimeter große, dünne Edelmetallbleche geritzt zu werden pflegte. Diese wurden gerollt und entweder in einer Amulettkapsel als so genanntes Phylakterion um den Hals getragen oder wie hier als Votivgabe niedergelegt.

Zwischenmenschliche Dramen: 2 Fluchtäfelchen aus Mainz

von Jürgen Blänsdorf

Der Brauch ritueller Verfluchung mittels gesprochener und geschriebener Texte (*defixionum tabulae*) ist sehr alt und war offenbar in der gesamten antiken Welt verbreitet. Es fanden sich Texte in griechischer, lateinischer, oskischer, etruskischer und punischer Sprache. In römischer Zeit wurden im gesamten Mittelmeergebiet solche Verfluchungstexte auf Papyrus, wachsüberzogenen Holztäfelchen, Blei, Ton und Keramik geschrieben, also allen Beschreibstoffen, die auch für Briefe und andere Notizen verwendet wurden. In unserem Klima blieben nur Bleitäfelchen erhalten. Blei eignet sich wegen seines billigen Preises, seiner Weichheit und seiner Haltbarkeit. Erst nachträglich deutete man es wegen seiner Farbe und Giftigkeit als das den Göttern und Dämonen der Unterwelt zugehörige Metall.

Im Mainzer Isis- und Mater Magna-Heiligtum wurden 33 beschriebene und einige unbeschriebene Bleiröllchen entdeckt – der größte Fundkomplex dieser Art nördlich der Alpen. Das Blei ist meistens nur ca. 0,5 – 1,0 mm dick, die Größe der Täfelchen schwankt zwischen 4 × 5 und 10 × 20 cm. Die Täfelchen (lat. *lamellae*) sind ein- oder beidseitig beschriftet. Die Ritzlinien sind oft so schwach, dass sie nur unter gebündeltem Seitenlicht zu lesen sind. Die Höhe der Buchstaben beträgt auf den meisten der Täfelchen nur 2–3 mm, aber einige kommen auch auf 10 mm. Der Umfang der Texte schwankt zwischen wenigen Worten und 27 Zeilen. Schon auf den ersten Blick lassen sich verschiedene Schriftformen und individuelle Handschriften unterscheiden. Nur auf zwei der Bleitäfelchen findet sich die von Steininschriften vertraute Majuskelschrift, auf den anderen die Majuskelkursive der früheren Kaiserzeit. Diese trotz ihrer uns ungewohnten Formen elegante Schrift ist ein Indiz für geübte Schreiber, aber in ihrer „ausgeschriebenen" Art ist sie oft schwer lesbar. Nur wenige der Schreiber verraten durch vorweg gezogene Zeilenlinien und unregelmäßig schwankende Striche die geringe Übung im Schreiben.

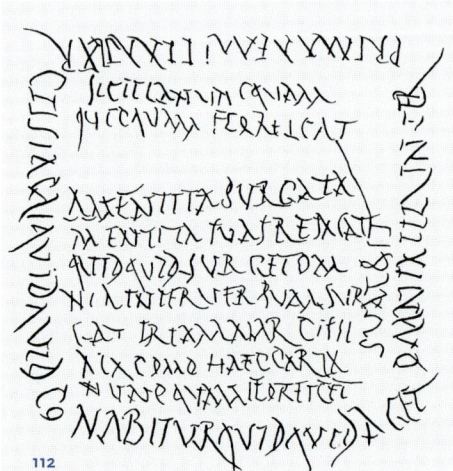

112

Inhalte und Formen der Verfluchungen sind überraschend vielfältig. In schriftlicher Form wird ein Gott oder ein Dämon gebeten, einem anderen Menschen – einem Dieb, Betrüger oder Nebenbuhler – einen schweren Schaden zuzufügen, ihn zu bannen, dass er sich nicht mehr rühren kann – daher der lateinische Ausdruck *defigere* / *defixio* –, ihn krank zu machen oder möglichst rasch zu töten. Gute Wünsche für sich und andere finden sich niemals, denn diese konnten offen ausgesprochen werden. Aber böse Wünsche hielt man besser geheim. Denn Schadenzauber war nach römischem Recht schon seit dem 5. Jh. v. Chr. durch das Zwölftafelgesetz (Tf. 8, 2) unter schwere Strafe gestellt. Um solche Wünsche einem Gott in der Ober- oder Unterwelt mitzuteilen, mussten sie also geheim aufgeschrieben, an geheimem Ort – einem Tempel, einem Grab oder anderen versteckten Plätzen – vorgelesen und deponiert werden. Besonders zahlreich sind die Funde in den Amphitheatern von Rom, Karthago, Hadrumetum (Afrika) und in Trier. Auch in Bad Kreuznach fanden sich sieben Exemplare.

Doch die Mainzer Verfluchungstexte unterscheiden sich durch das fast völlige Fehlen fester Formeln und magischer Worte (z. B. *abrasax*), durch korrektes und sogar rhetorisch formuliertes Latein und ausführliche Begründungen für die Verfluchung. Die für die Verfluchung angerufenen Götter sind nur Mater Magna und ihr Begleiter Attis, der in den Mainzer Inschriften als höchster Gott bezeichnet wird. Eines der Täfelchen enthält einen regelrechten Hymnus auf Attis. Dieser Be-

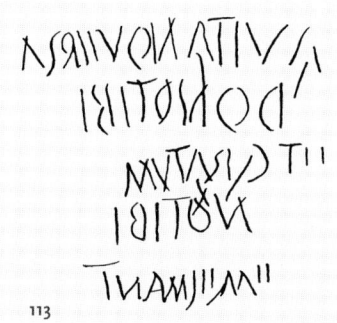

113

fund ist völlig singulär. Denn die Verehrung dieser zwei ursprünglich orientalischen Gottheiten im römischen Germanien war bisher nur aus einer viel späteren Epoche, der Zeit der Antonine, bekannt. Außerdem wurden bisher nur in Mainz und Groß-Gerau (Abb. 108) Inschriften gefunden, in denen Mater Magna und Attis für Verfluchungen oder Hilfe in privaten Anliegen angerufen wurden.

Die Verfasser, unter denen auch Frauen sind, haben die Texte selbst geschrieben, wie sich aus deutlichen Indizien erkennen lässt. Sie sind römische Bürger, Freigelassene und vielleicht auch Sklaven. Sie besitzen Vermögen und sind mit dem römischen Recht und der Sprache der altlateinischen Gebete vertraut. Nur zwei der Täfelchen haben Texte in so genanntem Vulgärlatein, in dem die klassischen Regeln der Orthografie, Wort- und Satzbildung vernachlässigt werden. Es geht immer nur um private Fehden und um „Kleinkriminalität"; nur einmal kann man auf einen politischen Hintergrund schließen. Es fehlen auch Verfluchungen von Konkurrenten im Amphitheater, obwohl Mainz wie alle Militärstandorte ein solches besaß.

112 Eine Eifersuchtsgeschichte?

1. Abschrift des Textes
Rahmen:
PRIMAAEMILIANAR
CISSIAGATQVIDQVIDCO
NABITVRQVIDQVIDAGET
OMNIAILLIINVER
SVMSIT
Mittelfeld:
1. SICILLANVNCQVAM
2. QVICQVAMFLORESCAT
3. AMENTITASVRGATA
4. MENTITASVASRESAGAT
5. QVIDQVIDSVRGETOM
6. NIAINTERVERSVMSVR
7. GATPRIMANARCISSI
8. AGACOMOHAECCARTA
9. NVNCQVAMFLORESCET
Rückseite, links oben:
PRI

2. Umschrift des Textes
Rahmen:
Prima Aemilia Narcissi agat, quidquid conabitur, quidquid aget, omnia illi inversum sit.
Mittelfeld:
1. Sic illa nuncquam
2. quicquam florescat
3. amentita surgat, a-
4. mentita suas res agat.
5. Quidquid surget, om-
6. nia interversum sur-
7. gat. Prima Narcissi
8. aga(t) como (= quomodo) haec carta
9. nuncquam florescet.
Rückseite, links oben:
Pri
Der Schreiber hatte den Text in normalen Zeilen schreiben wollen und mit PRI(ma) begonnen, dann aber auf der anderen Seite die magische Textanordnung gewählt.

Er hat zunächst rechts oben beginnend den Rahmen beschrieben, dann in der Mitte des Hauptfeldes fortgesetzt. Als der Platz nicht ausreichte, hat er die beiden letzten Zeilen oben angefügt.

3. Lesung
Der gesamte Text ist also folgendermaßen zu lesen:
Prima Aemilia Narcissi agat, quidquid conabitur, quidquid aget, omnia illi inversum sit. Amentita surgat, amentita suas res agat. Quidquid surget, omnia interversum surgat. Prima Narcissi aga(t), como haec carta nuncquam florescet, sic illa nuncquam quicquam florescat.
Die Sprache ist vulgärlateinisch: Der Singular *quidquid* wird mit dem Plural *omnia* verbunden, aber sofort wechselt der Schreiber wieder zum Singular über: *interversum surgat.* In *aga* ist das auslautende *–t* der 3. Person ausgelassen, *quomodo* ist zu *como* verkürzt und somit schon fast italienisch. Auch im letzten Satz ist *illa* mit *quicquam* ungrammatisch verbunden.

4. Übersetzung
„Der Prima Aemilia, der Geliebten des Narcissus, soll es (so) ergehen: Was auch immer sie versuchen wird, was auch immer sie tun wird, alles soll ihr verkehrt sein.
Von Sinnen soll sie sich erheben, von Sinnen soll sie ihre Sachen tun.
Was auch immer sich erheben wird, alles soll sich verkehrt erheben.
Prima, der Geliebten des Narcissus, soll es so gehen: Wie dieser Brief niemals erblühen wird, so soll jene niemals erblühen.“

113 Verfluchung einer Stiefmutter

1. Abschrift
ASREVON ATIVA
IBITONOD
MVTARGTE
IBITON
INAM SEME oder
TNA M IEME (linksläufig?)
In Verfluchungstexten wird nicht selten der Text linksläufig geschrieben – als Zeichen für die verkehrte Welt, an die der Verfluchte ausgeliefert wird. Bei der Schreibung des C von *noverca* begann der Schreiber mit der rechtsläufigen Richtung des Bogens und schwenkte dann nach links um, sodass der Buchstabe wie ein S aussieht. Solche Schreibfehler begegnen in „verkehrten" Texten immer wieder.

2. Umschrift
1. *Avita(m) noverca(m)*
2. *dono tibi*
3. *et Gratum*
4. *<do>no tibi*
5. ?

3. Übersetzung
„Avita, die Stiefmutter, schenke ich dir, und Gratus schenke ich dir."

Avita und Gratus sind häufige Namen. Die Verfluchung ist als Schenkung an die Gottheit formuliert. Deren Name musste nicht genannt werden, da er sich aus dem Ort der Deponierung des Textes ergab. Der Grund der Verfluchung wird in diesem Text ebenfalls nicht genannt. Der Rest des Textes ist verstümmelt und daher nicht verständlich.

114 „Um den kleinen Knochen gewickelt"
Um einen Vogelknochen gewickeltes Fluchtäfelchen aus Mainz.

115 Nur Gottheiten bekannt
sollte der „Übergabeort" der auf Blei geritzten Flüche in einem Nischenschacht sein.

116 Altar für Brandopfer
mit in situ liegenden Fluchtäfelchen.

Die Fundlage der Mainzer Bleitäfelchen

von Marion Witteyer

Zum unerwarteten Fundbestand des Heiligtums für Isis und Mater Magna in *Mogontiacum*/Mainz gehören zahlreiche Zeugnisse antiken Schadenzaubers. Neben von Nadeln durchbohrten Zauberpuppen handelt es sich vor allem um mit Verwünschungen beschriftete Bleitäfelchen (*defixionum tabulae*, *laminae literatae*), deren Ziel stets darin bestand, das jeweilige Opfer der Verfluchung durch rituellen Bindezauber dem eigenen Willen zu unterwerfen. Manchmal versuchte man, dem Fluch Nachdruck zu verleihen, indem man die Täfelchen mit Nägeln durchlöcherte. Die geschriebene Botschaft musste auf jeden Fall geheim bleiben und durfte nur von den angerufenen Mächten zur Kenntnis genommen werden, weshalb man die Täfelchen in der Regel zusammenrollte oder faltete, bevor sie deponiert wurden. Dabei ergab sich zugleich die Möglichkeit, zusätzlichen Zauberstoff (*ousía* oder *materia magica*) in das Blei mit einzuwickeln, ebenfalls mit der Absicht, die Wirksamkeit des Fluches zu erhöhen. Entsprechende Funde sind selten, in Mainz aber wenigstens einmal durch einen bleiumwickelten Vogelknochen belegt. Die meisten Täfelchen stammen aus sicheren Befundkontexten, die die Ausübung magischer Kultpraktiken erkennen lassen. Die Durchführung dieser Riten fand offenbar nicht überall im Heiligtum statt, sondern war auf ein bestimmtes Areal innerhalb des Temenos beschränkt, wie die Fundverteilung der insgesamt 33 Täfelchen erkennen lässt. Die im Gegensatz dazu kleine Gruppe von drei Zauberpuppen stammt aus Befunden im Vorgelände des Temenos. Bei einem dieser freihand geformten Tonfigürchen lag ein Bleitäfelchen mit Namens- und Filiationsangabe, wohl desjenigen, den die Puppe symbolisieren sollte. Im gleichen Areal fanden sich weitere zusammengefaltete Bleistücke, allerdings ohne eingeritzte Schrift und daher ohne klare Zweckbestimmung; vielleicht waren die Buchstaben ursprünglich mit Tinte aufgetragen.

Der umfangreichste Fundkomplex besteht aus 11 beschrifteten Täfelchen, die allesamt in einem Nischenschacht verwahrt worden waren. Den Schacht hatte man in frühdomitianischer Zeit verfüllt, aber anschließend dort noch weitere Depots eingebracht, zuletzt Anfang des 2. Jh. n. Chr. Den Anlass für die Aufgabe des Nischenschachtes gab der Bau verschiedener aufeinander folgender Brandaltäre in unmittelbarer Nachbarschaft. Asche, Holzkohlerückstände und sonstige Reste der dort durchgeführten Brandopfer blieben am Ort liegen. Darin fanden sich ebenfalls mehrere Bleitafeln, die keinerlei Spuren von Feuereinwirkung zeigten, aber auch Schmelzklumpen, wahrscheinlich Überreste von ins Feuer geworfenen Täfelchen. Im frühen 2. Jh. wurden auch diese Plätze wieder aufgegeben und das ganze Areal um 130 n. Chr. mit einer massiven Ziegelpackung abgedeckt. Der Brauch, Fluchtäfelchen zu ritzen, brach damit jedoch noch nicht ab, er wurde wenig entfernt an neuem Deponierungsort bis ins 3. Jh. fortgesetzt.

116

12.
Menschliches, allzu Menschliches

117

Römische Kleininschriften bieten nicht selten auch Einblicke in die zwischenmenschlichen Bereiche des antiken Lebens. Egal, ob man mit dem Nachbarn in erbittertem Streit lag oder sich gerade unsterblich verliebt hatte – wer schreiben konnte, zögerte nicht, seine Gefühle gelegentlich auch in schriftlicher Form zu äußern. An den Hauswänden in Pompeji etwa fanden sich Hunderte von hingekritzelten Mitteilungen, in denen Zeitgenossen von ihren (guten und schlechten) Erfahrungen mit ihren Mitmenschen berichten.

Aber auch in unserer Region finden sich gelegentlich Ritzinschriften, die von den Sorgen und Nöten des antiken Alltagslebens erzählen. Eine wahre „Fundgrube" solcher Graffiti bilden römische Ziegel. Der noch feuchte Ton der zum Trocknen

117 Schiffbruch in Heidenheim

Die Terra Nigra-Schale, deren Inhalt einmal eine Weihegabe an die Göttin Erycina enthielt, trägt die leider unvollständig erhaltene Inschrift: *[---]n Erucina, hic, Amaranthus naufragiu(m) fe[---].* Auch wenn der ursprüngliche Text nicht mehr vollständig zu rekonstruieren ist, so steht außer Zweifel, dass die Stiftung von einem Mann namens Amaranthus für den glücklichen Ausgang eines Schiffbruches (*naufragium*) erfolgte. Die Göttin Erycina ist vor allem in Süditalien und Sizilien belegt; Nachweise für ihre Verehrung nördlich der Alpen gab es bis-

lang nicht. Möglicher-weise war Amaranthus, dessen Name ebenfalls auf eine mediterrane Herkunft weist, ein Händler aus dieser Region. Unklar bleiben die näheren Umstände des Schiffbruches: Auf dem kleinen Flüsschen Brenz in Heidenheim dürfte es jedenfalls kaum zu lebensbedrohlichen Situationen gekommen sein. Der Begriff *naufragium* kommt in römischen Quellen auch im Zusammenhang mit wirtschaftlichem oder menschlichem Scheitern vor. Lag das (glücklich überstandene) Missgeschick des Amaranthus eher in diesem Bereich? (Hinweis H. U. Nuber)

ausgelegten Ziegelplatten bot ideale Schreib- und Zeichenmöglichkeiten für spontane Gemütsäußerungen, die dann später beim Brennen der Ziegel dauerhaft konserviert wurden. Neben Produktionsabrechnungen von Ziegeleiarbeitern finden sich auf den Platten auch freundschaftliche Neckereien, Liebesbriefe, Schreib-

übungen bis hin zu Beschimpfungen; auch Zeichnungen und Karikaturen kommen vor. Kurioses entdeckten Archäologen jüngst bei der Ausgrabung eines römischen Ziegelbrennofens in Neupotz (Pfalz): Dort fand sich auf einem Ziegel der Abdruck einer erschlagenen Maus!

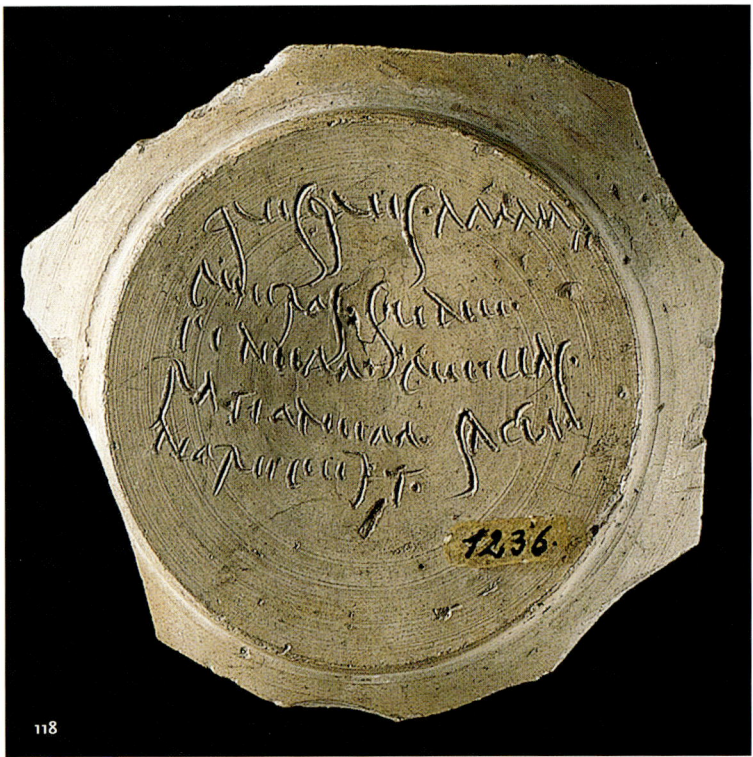

118

119 Eingeritzte Darstellung eines Baumes

mit angelehnter Leiter auf einer Terra Sigillata-Schüssel vom Kastell Saalburg.

120 Eingeritzte Darstellung eines römischen Kriegsschiffes (liburna)

mit Rammsporn auf einem Terra Sigillata-Teller aus Utrecht – diente dem Zeichner ein Schiff der römischen Rheinflotte als Vorbild?

121 a/b/c Ziegel mit Liebesbrief

und sexistischen Zeichnungen aus Dortelweil bei Frankfurt. Die vor dem Brand eingeritzte, leider nicht ganz vollständig erhaltene Inschrift lautet: [---] mittet Mattos(a)e salutem co(n)iugi caris(s)im(a)e et optat / [--- aliquan]do usque ATTII [---]. Ein Mann, dessen Name nicht mehr erhalten ist, schickt also seiner teuersten Gattin Mattosa Grüße, verbunden mit einem bestimmten Wunsch, der leider nicht mehr sicher zu rekonstruieren ist. Die bildlichen Darstellungen über dem Text lassen jedoch kaum einen Zweifel an, was sich der Mann von seiner Gemahlin erhoffte.

119

120

121a

118 Maß halten!

Die in Remagen gefundene tönerne Spardose trägt den – nicht ganz fehlerfreien – Sinnspruch: *Quisquis ammat / pueros sene / finem puellas / rationem saccli / no(n) refert* – „Wer Knaben liebt und Mädchen ohne End', mit dessen Beutel geht es bald zu End'!". Die vor dem Brand eingeritzten Zeilen brachte der Töpfer sinnigerweise auf der Unterseite des Gefäßes an: Die ermahnenden Worte wurden später immer dann sichtbar, wenn man die Spardose umdrehte um Münzen aus dem Sparschlitz zu schütteln!

121 b

122

121 c

123

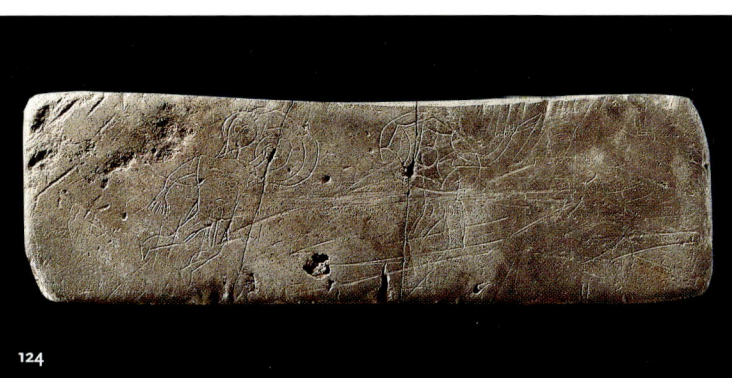

124

122 „Stichelnder" Zirkel
aus Mainz-Budenheim mit lustiger War-
nung an Diebe: *ponis* (statt:*pone*) *aut
pedico te*! – „Lass mich liegen, oder ich
steche dich!"
Da der Begriff *pedicare* in der Antike
auch im sexuellen Bereich geläufig war,
ist die Inschrift durchaus zweideutig
zu verstehen.

123 Kunst am Bau:
Ziegel aus Schwabmünchen mit eingeritzter Darstellung des Gottes Hercules
mit Keule und Löwenfell, daneben das
Abbild eines Fisches. Bemerkenswert
ist, dass an der Zeichnung des Hercules
offenbar zwei verschiedene Hände beteiligt waren: Während der Kopf und
Oberkörper recht plump und ungelenk
in den weichen Ton geritzt wurden, ist
die untere Partie des Gottes deutlich pro-
fessioneller wiedergegeben. Vollendete
hier etwa ein Erwachsener eine angefan-
gene Kinderzeichnung?

124 Darstellung eines Gladiatoren-kampfes

auf einem Wetzstein vom Kastell Zugmantel. Der linke Kämpfer ist bereits getroffen und hat sein Schwert verloren.

125 Spöttischer Dachziegel

mit Karikatur der beiden römischen Kaiser Diocletian und Maximian aus dem Frühjahr 293 n. Chr.? Über den beiden als Strichmännchen dargestellten Herrschern ist, mit leichten grammatikalischen Fehlern, folgender eingeritzter Text zu lesen: *dominis nostris / Diocletiano et Maxi / miano et Constantio / noblissimis Caes(aribus)* – „Unseren Herren Diocletian und Maximian und dem edelsten Caesar Constantius". Constantius wurde am 1. März 293 n. Chr. zum Caesar berufen. Knapp drei Monate später, am 21. Mai desselben Jahres folgte die

Ernennung des Galerius zum zweiten Caesar, der hier jedoch (noch?) nicht genannt ist. Möglicherweise fällt die Anfertigung der Kaiserkarikatur in diesen Zeitraum. Der Ziegel selbst diente als Abdeckung eines Körpergrabes in Intercisa/Ungarn.

126

126 Drohung an einen faulen Ziegeleiarbeiter!

Auf einem in Malo (Serbien) gefundenen Ziegel ist die leicht fehlerhafte Inschrift zu lesen: *[Fac l]aterqus, / [Fu]riane! / [M]ale dor/[mie]s, si nun fe/cer[i]s!* – „Mach' *laterculi*, Furianus! Du wirst schlecht schlafen, wenn du sie nicht machst!". Die hier erwähnten *laterculi* waren kleine quadratische Ziegel, die zum Bau von Fußbodenheizungen benötigt wurden. Ähnliche Probleme mit der Arbeitsleistung eines Zieglers hatte man offenbar auch im oberitalischen Aquileia. Auf einem dort gefundenen Ziegel lesen wir: *Cave malum, si non raseris lateres DC* – „Fürchte Schlimmes, wenn Du nicht 600 große Ziegelplatten streichst!" (CIL V 8110, 176). Beide Inschriften wurden vor dem Brand der Ziegel in den noch feuchten Ton eingeritzt.

125

127

128

Protokoll vom 9. Februar 167 n. Chr. über die Auflösung eines *collegium funeraticum* (Bestattungsvereins) im römischen Alburnus Maior (Rumänien). Von den ursprünglich 54 Mitgliedern, denen im Todesfall eine finanzielle Beihilfe für ihr Begräbnis gewährt wurde, waren nur noch 17 Männer am Leben, sodass man sich zur Auflösung der Vereinigung entschloss. Der Vorstand teilte die verbliebenen Gelder unter den noch lebenden Mitgliedern auf und erklärte formell, dass damit alle Ansprüche auf ein Sterbegeld erloschen seien. Auch Zusammenkünfte, Feste und Gelage würden künftig nicht mehr stattfinden. Beglaubigt wurde die Auflösungsurkunde des *collegium funeraticum* von sieben Zeugen.

129

127 Ziegel

von der Saalburg mit Abdrücken von Kinderfüßen und lateinischem Fluch in griechischen Buchstaben (Lesung und Übersetzung nach F. Quilling): *Oreús / (et) Mon[ós] / (sunt) Karé(s), m[a]/gís Lauré(n)tió* – „Oreus und Monos sind hundföttische Kaffern (= Schurken), mehr noch als Laurentius".

128 Antiker Scherzartikel

Der abgebildete Tonbecher aus Nijmegen trägt den Trinkspruch: *Ola tene bibe* – „Nimm den Becher und trink!". Das Gefäß hatte allerdings, auf dem Foto nicht sichtbar, ein Loch im Boden.

13.
Gegarte Spatzen ... ?
Die römische Küche im Spiegel
der Kleinschriften

Römische Ritzinschriften geben mitunter erstaunliche Einblicke in die antiken Speisegewohnheiten, auch wenn Singvögel – wie z. B. aus Trier überliefert (S. 88 f.) – in den Nordwestprovinzen des Imperiums wohl eher selten auf den Tisch kamen. In Form von Warenetiketten

130 Fischsauce

für den Statthalter in Mainz. Die in Mainz gefundene Amphore trägt die Pinselaufschrift *G(arum) scomb(ri) / Flos domest(i)ci / Cl(audii) Valeri(?) Caldon(i) / P(ublii) Pomponi(i) Secundi / leg(ati) Aug(usti)*. Das erwähnte *garum scrombri* ist eine Makrelenfischsauce teuerster Qualität. Publius Pomponius Secundus war in der Zeit zwischen 47–55 n. Chr. *legatus Augusti exercitus Germaniae superioris*. Nahrungsmittellieferungen für das Militär waren zollfrei; Waren hoher Qualität wurden – wie im vorliegenden Fall – auf Namen geliefert.

131

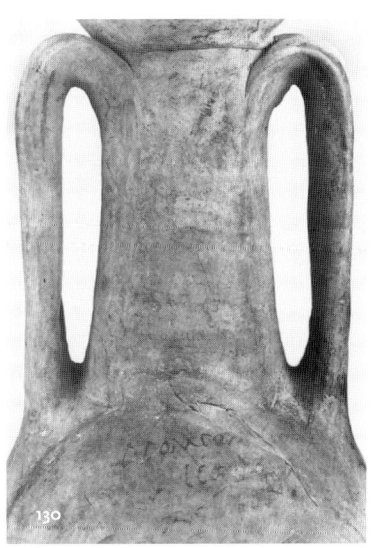

130

131 Terra Sigillata-Becher für Bier

Obere Partie eines verzierten Terra Sigillata-Bechers aus Mainz. Direkt unter dem Becherrand ist, nur noch schwach erkennbar die aufgemalte Inschrift zu lesen: *Imple (h)ospita ola de cervesa da!* – eine unmissverständliche Aufforderung an den Wirt, rasch den Becher des Gastes (bis an den Rand) mit Bier zu füllen!

oder als eingeritzte Inhaltsangaben auf Vorratsgefässen liefern uns Kleininschriften eine Fülle von Informationen über die Nahrungsmittel und Getränke, die vor knapp 2000 Jahren konsumiert wurden: Ob Feigen, Spargel, Honig oder Traubentrester;

ob Spanferkel, Austern, importierte Fischsauce aus Nordafrika oder Wein aus dem Süden Spaniens – wer die entsprechenden finanziellen Mittel besaß, dem stand ein äußerst vielfältiges Angebot an Speisen und Getränken zur Verfügung. Die alltäglichen Mahlzeiten der Durchschnittsbevölkerung waren allerdings etwas weniger abwechslungsreich; hier kam meistens nur ein gekochter Getreidebrei auf den Tisch.

Nicht minder vielfältig war das Angebot an Getränken, vor allem beim Wein, der – meist mit Würzzusätzen versehen – in unzähligen Varianten auf dem Markt angeboten

132

wurde. Aufschriften informierten über Inhalt, Herkunft und Alter des Weines; ebenso finden sich auf Amphoren und Fässern manchmal auch Vermerke der (inner-)römischen Zollbezirke. In den Nordwestprovinzen noch beliebter (und natürlich auch billiger) als der Wein war das Bier, das in den Kleininschriften ebenfalls oft genannt wird. Die Bedeutung dieses Getränkes wird z. B. aus dem militärischen Bericht eines Offiziers am Hadrianswall deutlich, der mit seinen Leuten an einem Ort außerhalb der Garnison eingesetzt war. Seine offizielle Meldung an den Kohortenpräfekten schließt mit den Worten: *Cervesam commilitones non habunt, quam rogo iubeas mitti* – „Die Kameraden haben kein Bier mehr, ich frage deshalb, ob du befehlen kannst, welches zu schicken." (Tab. Vind. III, Nr. 628).

Es verwundert daher nicht, dass Wein und Bier immer wieder in Ritzinschriften auf römischen Trinkgefäßen genannt werden – verbunden mit dem Wunsch, das Gefäß möge schnell wieder gefüllt werden.

132 Trinkbecher

mit persönlicher Widmung an einen hohen römischen Offizier. Der in Grab Nr. 5555 in Krefeld-Gellep gefundene Becher entstand als Auftragsarbeit um 260 n. Chr. in Trier und trägt die Inschrift (Lesung und Übersetzung nach R. Pirling): *Ol(l)am fortunae Supe(r)stinius Filica Clementinio Advento pr(a)efecto leg(ionis)*

XXX (donum dedit). Cum familia sua utatur feliciter - „Das Glücksgefäß (hat) Superstinius dem Clementinius Adventus, dem Präfekten der 30. Legion, geschenkt. Er möge es mit seiner Familie glücklich benutzen!". Die erwähnte 30. Legion hatte ihre Garnison in Xanten, etwa 40 km rheinabwärts vom Fundort in Krefeld-Gellep.

133 Vollendeter Genuss

Kostbare gläserne Wein-Trinkschale aus Krefeld-Gellep. Das aus hauchdünnem, fast farblosem Glas gefertigte Gefäß trägt die eingravierte Darstellung des Weingottes Bacchus mit Weinlaubkranz und Trinkhorn. Neben ihm befinden sich der Gott Pan (mit Bocksbeinen) sowie ein weiterer Gott aus dem Gefolge des

Bacchus, die beide ebenfalls Trinkhörner halten. Zur dargestellten Szene passt die umlaufende Inschrift am Rand der Schale: *Bibe et (p)ropina tuis* – „Trinke und trinke auch auf das Wohl der Deinen!"

134 Poetischer Tonbecher

aus Krefeld-Gellep mit umlaufend eingeritztem Weingedicht und Klage eines unzufriedenen Gastes (Lesung und Übersetzung nach G. Alföldy):
Suge de mea, si vis vita/
rem nemo vita b[ibit] t[a]l[em]?./
De[preco]r (?), tene me veru(m), si/
tangat ✱ (denarios) XXXXV merum.
Pr(a)esta, si me amas, non{i} despice,
q[uod dat] seriola / a{i}ltum meum.

134

Zweite Handschrift: *(H)omo sum,*
ne da / comas potu(m). –
„Sauge aus der Liebe, wenn du willst, (mein) Leben (= mein Liebchen)! Niemand trinkt in seinem Leben eine solche Sache.
Ich beschwöre dich, halte mich für aufrichtig, wenn dieser ungemischte Wein 45 Denare kostet.
Also tue das (= trink), wenn du mich magst, verachte nicht, was dir meine Tiefe (= das Innere des Gefäßes) aus dem Tönnchen (oder dem Krug) gibt."
Zweite Handschrift: „Mensch bin ich, gib mir nicht Haare als Getränk!"
Ganz offensichtlich war hier ein Gast mit der Sauberkeit des Bechers unzufrieden ...

133

135

**135 Süße Werbung
für die Gastronomie.**

Fragment einer tönernen Kuchen-Back-
form mit Werbeaufschrift für ein Gast-
haus im römischen Neuss: *Comm(e)
N[ovae]/sio (ad) Lib[erum patrem] / et
Sil[enum]* - „Gehe in Novaesium zum
Liber Pater und *Silenus*". Ähnliche
Backformen mit Inschriften sind vor
allem aus dem Donauraum bekannt;
am Rhein jedoch bislang äußerst selten
geblieben. Das vorliegende Fundstück
überliefert uns außerdem erstmals den
Namen einer römischen Gaststätte in
Deutschland, die – bezeichnenderweise –
die Namen zweier Weingötter trug.
Aus Narbonne kennen wir noch ein Gast-
haus „Zum Gallischen Hahn", das von
einem Spanier betrieben wurde (CIL XII,
4377).

136 a/b Einladung zum Gastmahl
auf einem hölzernen Schreibtäfelchen aus
Vindonissa. Außenseite: *Im (richtig: In)
mentem habe / hospitam tuam in / XII.*
Innenseite: *Itaque scias ubi convivium or-
no / ludos varios quoque ac comisation /
em mundam. Cras, per genios, potis/si-
mos ludi, crispo orcam sicut gladi/um.
Frater, care vale.* – Außenseite: „Denke an
deine Wirtin in (Hausnummer) 12."

Innenseite: „So sollst du erfahren, wo ich
das Gastmahl bereite sowie verschiedene
Spiele und ein prächtiges Trinkgelage.
Morgen, bei den mächtigsten Schutzgeis-
tern des Spiels, werde ich den Würfelbe-
cher wie ein Schwert schwingen. Lebe
Wohl, teurer Bruder".

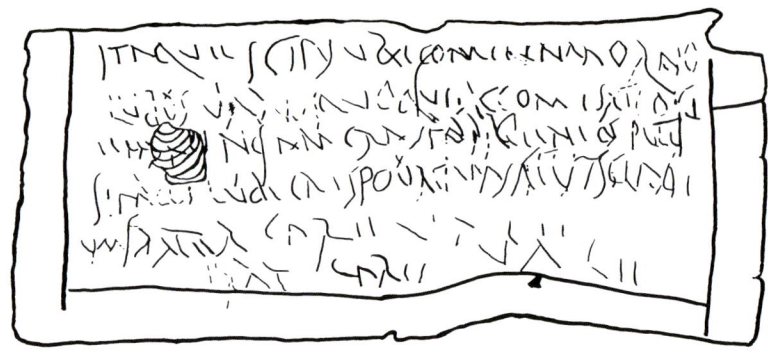

136 a/b

Warenetikett für Spargel

von Lothar Schwinden

Abb. 137/138/139
Fundort: Trier, Moselstraße.
Gefunden 1999.
Blei. Maße: Breite 2,4 cm. Höhe 1,55 cm.
Dicke bis 1,2 mm.

Für römische Bleietiketten, die zur Warenkennzeichnung an verschiedene Güter angehängt waren, existiert eine typische Form: Bei einer Breite von meist knapp 3 cm und einer Höhe bis zu 2 cm weisen diese kleinen rechteckigen Bleie am linken Rand jeweils ein Loch für eine Schnur auf. Die auf der Vorderseite und zumeist auch auf der Rückseite beschriebenen Bleche wurden in der Regel für den Wechsel von Vorder- zur Rückseite um 180° über die Querachse gedreht.

In den letzten zwei Jahrzehnten haben diese auf den ersten Blick unscheinbaren, für Fragen der Wirtschaftsgeschichte wie für die Paläographie allerdings sehr bedeutsamen Stücke größere Aufmerksamkeit gefunden. Gerade der Trierer Boden einer der größten Wirtschaftsmetropolen Galliens hat nicht allein eine beachtliche Fülle an kleinen Bleiblechen, sondern eine dem Warenangebot entsprechende Vielfalt an Texten zutage gebracht.

Ein zweiter Neufund aus dem Trierer Boden belegt nach dem ersten Etikett von 1993 den Spargel als Handelsware. Durch Spuren mehrfacher Benutzung des Bleibleches wird die Lesung erschwert. Reste einer älteren Schrift sind zu trennen. Eine zweite, ältere Lochung unterstreicht ebenso den mehrfachen Gebrauch des Etikettes. Dennoch ist eindeutig zu lesen:

VS: *Ianuari asparagus / Ciuti*
RS: *(denarius) I*

Die Vorderseite weist die übliche Textstruktur mit Nennung eines Namens *Ianuarius* und der Warenbezeichnung *asparagus* – „Spargel" auf. Die Lesung der zweiten Zeile ist unsicher, und es muss offen bleiben, ob hier der Name mit einem Cognomen fortgeführt wird. *Ciut(ti)us* ist ein nachgewiesener keltischer Name.

Von besonderem Interesse für den Warenverkehr, den Handel und die Essgewohnheiten ist die Nennung der Ware in Verbindung mit dem Preis. „Ein Denar" als Preis ist angegeben mit dem üblichen Denarzeichen *.

Die flüssige Handschrift in der so genannten älteren römischen Kursive gehört noch dem 2. oder frühen 3. Jh. an. Die Preisangabe des Neufundes gibt denselben Wert von einem Denar wie der erste Fund eines Spargeletikettes von 1993 an. Errechnet worden war, dass unter Berücksichtigung der Wertrelationen zu den Preisen des Diokletiansediktes Spargel im Wert

eines Denars im 2. Jh. eine Menge von gut 10 Kilogramm umfasst haben muss. Dies sind 10 bis 12 Bündel mit je 25 Spargelstangen des üppigeren Gartenspargels.

Dass Spargel ein beliebtes Gemüse auf dem Tisch auch in den gallisch-germanischen Provinzen war, ist durch die gelegentlichen literarischen Überlieferungen allenthalben bekannt. Insofern ist die Nachricht des Etikettes nicht von historischer Sprengkraft. Dennoch bieten diese Etiketten nicht alleine die archäologische Ergänzung zur literarischen Überlieferung. Sie bieten eigene, neue Informationen und sind sprechende Dokumente zum Alltagsleben. Die Beliebtheit des Spargels wird darüber hinaus durch eine andere Gruppe von Bodenfunden unterstrichen, durch bronzene Messergriffe in Form einer Spargelstange.

Literatur: L. Schwinden, Asparagus – römischer Spargel. Ein neues Bleietikett mit Graffiti aus Trier. Funde und Ausgrabungen im Bezirk Trier 26, 1994, 25–32.

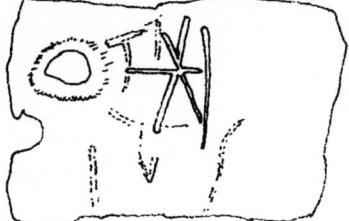

Warenetikette für Spatzen

von Lothar Schwinden

Abb. 140–142 a/b
Fundort: Trier, Zuckerbergstraße.
Gefunden 1999
Blei. Maße: Breite noch 2,9 cm.
Höhe noch 1,65 cm.
Ringsum Bruch, keine eindeutige antike
Schnittkante mehr erhalten.

Abb. 143–145 a/b
Fundort: Trier, Moselstraße.
Gefunden 1999
Blei. Maße: Breite 2,95 cm.
Höhe noch 1,6 cm.

Zu den jüngsten Funden von Bleietiketten aus dem Stadtbereich des
römischen Trier gehören sechs Exemplare, die „Spatzen" als Ware nach-
weisen. Zwei aus dieser Reihe seien
hier erstmals vorgestellt.

Etikett Abb.Nr. 140 wurde 1999
in einem westlichen Stadt-
viertel in Moselnähe ge-
funden. Die charak-
teristische Lochung war
nicht mehr erhalten.
Die Funktionsbestim-
mung ist allerdings auf-
grund des epigrafischen
Befundes eindeutig:

VS: *Saecurii / passeri*
RS: *p(ondo) IIX /*
a(sses?) XIIX

Das Etikett zeigt die
übliche Textstruktur mit
dem Namen im Genitiv
und der Ware auf der
Vorderseite sowie der
Gewichtsangabe und
einem damit korres-
pondierenden Preis
auf der Rückseite.

Saecurus ist entweder überkorrekt
oder eine an der Umgangssprache
orientierte phonetische Schreibweise
für den Namen *Securus*. Ein Ende *Sae-
curiu[s]* ist nicht völlig auszuschließen,
eine dem üblichen Formular entsprechende Genitivendung allerdings wahrscheinlicher. *Passeri* ist eindeutig, die
Möglichkeit *passere[s]* also auszuschließen. Der Schreiber hat die falsche De-
klination *passeri* statt *passeres* gewählt.
Dies ist allerdings absolut kein unge-
wöhnliches Phänomen der Umgangssprache, antik ebenso wie modern geläufig.

Die Rückseite gibt das Gewicht,
acht römische Pfund (= 2620 Gramm)
an. Dementsprechend ist für die zweite Zeile von einer Preisangabe mit dem
Nominal *a(sses?)* auszugehen. Einer
Wertangabe 18 ist wohl gegenüber
einem Wert 12 als Lesung nach dem

paläografischen Befund der Vorzug zu
geben. Die Relation Preis zu Gewicht
ist für 1 Pfund entweder 2 1/4 oder 1
1/2 Asse, je nach Lesung. Da auch für
die zweite Lesungsmöglichkeit eine
plausible Relation besteht, ist diese Lesung nicht auszuschließen.

Das zweite Spatzenetikett (143) ist
vorzüglich erhalten. Ohne die Kenntnis des ersten wäre seine Lesung allerdings kaum zu gewinnen und nicht
eindeutig auf Spatzen als gekennzeich-
nete Ware zu beziehen, auch wenn
keine andere sinnvolle Alternative für
pas. coct. übrig bleibt. Die Schrift,
die die geübte Hand eines sicheren
Schreibers verrät, ist in klaren Ritzlinien
mit sogar noch vorhandenen, aufge-
worfenen Graten zu lesen:

VS: *Maddati / pas(seres) coct(i)*
RS: *p(ondo) XVIII*

140

142 a

141

142 b

143

144

145a

145b

Die erste Zeile der Vorderseite nennt einen Personennamen *Maddatus*, der eindeutig keltischer Herkunft ist. Namen mit dem Stamm *Mad(d)* sind nur spärlich belegt und in den einschlägigen Namenstudien nicht behandelt. Heranzuziehen ist auf jeden Fall *Maddacatus Sedati fil.* aus Langres (F).

In Kenntnis des ersten Etikettes ist für die zweite Zeile aufzulösen *pas-(seres) coct(i)* – „gegarte Spatzen". Denkbar ist nach der Wortbedeutung *coquere* sowohl ein Kochen wie ein Braten der kleinen Vögel.

Die Rückseite nennt ohne Preisangabe ein Gewicht von 18 römischen Pfund (= 5895 Gramm). Es handelt sich um eine mehr als doppelt so große Menge, wie sie das erste Etikett nennt. Der Umfang ist beträchtlich und

kann keinesfalls als so genannte Haushaltsmenge angesehen werden.

Aus heutiger Sicht des Mitteleuropäers mutet der Spatz auf der Speisekarte verwunderlich an. Ganz offensichtlich gehörte der Spatz in der Antike nach dem Höchstpreisedikt Diokletians (4, 37) von 301 n. Chr. zu den gängigen Speisen. Eine Reihe kleinerer Vögel sind im Diokletiansedikt genannt. Der Spatz ist der billigste, fällt erstaunlicherweise allerdings nicht einmal allzu sehr gegenüber anerkannten Köstlichkeiten ab. War der Spatz für 1,6 Denare zu haben, so waren Wachteln (*coturnices*) und wilde Distelfinken (*ampeliones*) mit 2 Denaren nicht wesentlich teurer. Die beliebten Feigendrosseln (*ficedulae*) kosteten 4 Denare genauso wie die bekannten

Haselmäuse (*glires*), Drosseln (*turdi*) 6 Denare.

Eine handelsübliche Menge bei den kleinen Vögeln war ein Kranz von 10 Exemplaren. Mit dieser Mengenangabe nennt sie das Preisedikt Diokletians. In dieser Größenordnung sind die kleinen Vögel nach Martial (3,47,10; 13,51) als Geschenk eine denkbare Größe, in jenen Fällen zusammengebunden zum Kranz. Im Gegensatz zur Turteltaube (*turtur*), zu Drossel, Feigendrossel, Distelfink und Wachtel haben auch die antiken Schriftsteller dem Spatzen ihre Aufmerksamkeit versagt. Berühmtheit erlangt hat der Spatz auf einem anderen Terrain als Liebessymbol durch die *passer*-Gedichte Catulls – *passer, deliciae meae puellae* – „Sperling, reizender Liebling meiner Liebsten"

Warenetikett für Raben – Auch eine Speise?

von Lothar Schwinden

Abb. 146–148a/b
Fundort: Trier. Gefunden 1988.
Blei. Maße: Breite 23,1 cm. Höhe
1,85 cm.

Das Bleietikett dürfte trotz des Bruches an der rechten Seite in fast vollständiger Länge erhalten sein, da die Schrift der Vorderseite in der ersten Zeile bis zum letzten sinnvollen Buchstaben erhalten ist. Zu lesen ist:

VS: Quadrati / Corace(s)
RS: p(ondo) VII (?) / (denarii) III S

Auf den ersten Blick erscheint entsprechend dem Formular der Text zumindest der Vorderseite eindeutig: „Des *Quadratus* Raben". Für die Gewichtsangabe der Rückseite bleibt aufgrund des Verlustes in Zeile 1 ein mögliches Gewicht von sieben bis neun römische Pfund (ca. 2290 bis 2950 Gramm). Der Preis dürfte bei 3,5 Denaren liegen. Bei dem ersten Zahlzeichen nach der Denarangabe handelt es sich kaum um ein L. Die waagerechte Haste weist einen anderen Strich auf. Der Sachverhalt verbietet zudem einen derart hohen Preis von 52 Denaren.

Zur Volksnahrung gehörten sicherlich eine Vielzahl von Vögeln. Literarisch ist deren Zweck kaum oder überhaupt nicht erwähnt. Neben den durch andere Etiketten belegten Spatzen – *passeres*, dem Star – *sturnus*,

der Elster – *pica*, dem Häher war etwa auch die Krähe denkbar (André). Der Arzt Celsus nennt in seiner medizinischen Schrift (2,18) das Fleisch des Raben „hart" – *durus*. Augustinus sieht in einer Predigt (serm. ed. Mai 137,2) den Raben als „unrein" – *immundus*, der alles, was er berührt, ebenso unrein werden lässt. Die für uns nur sehr schwer vorstellbare Möglichkeit des Verzehrs von Raben illustriert sehr schön eine sehr viel jüngere Bemerkung von Alexandre Dumas im 30. Kapitel seiner „Russlandreise – Kaukasische Fahrt" um 1860 (Hinweis von K.-P. Goethert), nach der er aus einem Raben eine Fleischbrühe gewonnen hatte. Die Haut muss allerdings wohl sehr dick und zäh sein: „Zum Kochen einer kräftigen Suppe ohne Rindfleisch half ich mir mit ... einem Raben, den ich schoss ... Ein Rabe gibt soviel Fleischbrühe wie zwei Pfund Rindfleisch, aber man muss ihn wie ein Kaninchen abhäuten."

Haufiger als der aus dem Griechischen entlehnte Begriff *corax* war der lateinische Begriff *corvus* im Gebrauch. Denkbar ist, dass mit dem Einzug des Mithraskultes und des dort eine zentrale Rolle spielenden *corax* dieser Begriff geläufiger wurde.

Literatur: J. André, Essen und Trinken im alten Rom (deutsch Stuttgart 1998) 104; 237. – G. Schmidt, Rabe und Krähe in der Antike. Studien zur archäologischen und literarischen Überlieferung (Wiesbaden 2002) schließt S. 99 den Raben vom „Speiseplan der Römer" aus.

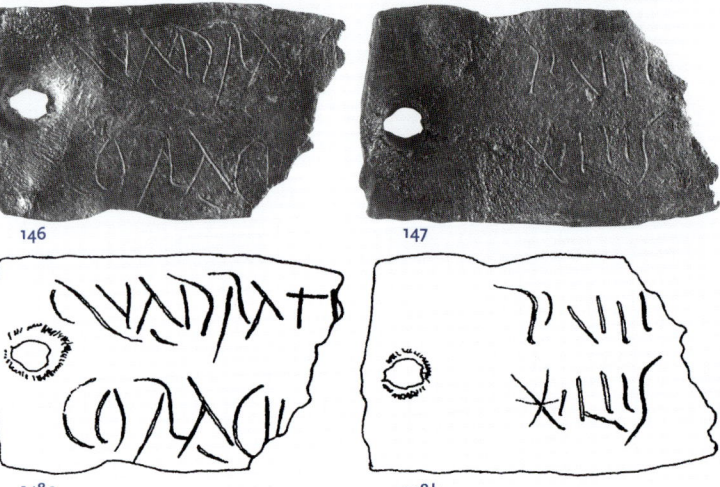

146   147

148a   148b

14.
Das Ende der antiken Schriftkultur

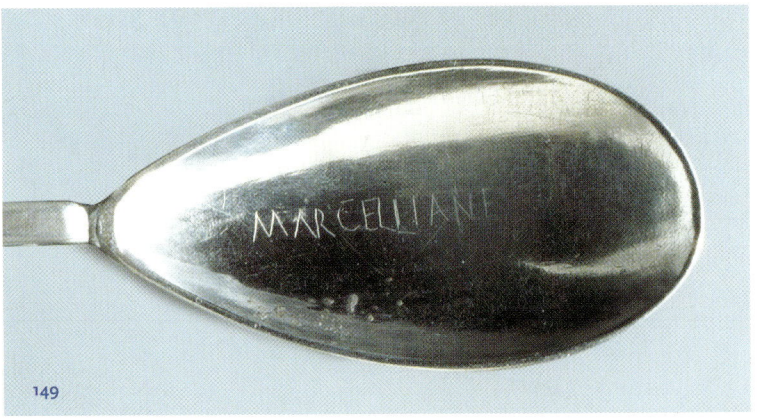

149

149 und 150 Silberschatz
spätrömischer Generäle?

Auf mehreren Objekten des umfangreichen Silberschatzes aus dem spätantiken Kastell Kaiseraugst am Hochrhein (Schweiz) steht der Graffito *Marcelliano*, so auch auf dem hier abgebildeten Löffel. In eine der Silberplatten ist der Besitzername *P. Romulo* eingeritzt.

Nach Ausweis der mitgefundenen Münzen des Magnentius und eines mit seinem Bild gestempelten Silberbarrens wurde der Schatz wahrscheinlich 350/51 n. Chr. vergraben, als der rheinische Usurpator die Kaiseraugster Truppe gegen Kaiser Constantius II. in Marsch setzte. Im Heer des Magnentius diente ein *magister peditum* (General der Fußtruppen) namens *Romulus*, der 351 n. Chr. in der Schlacht von Mursa fiel, sowie ein *magister militum* namens *Marcellinus*. Gehörte der Schatz diesen beiden Generälen?

Um die Mitte des 3. Jh. begann im Nordwesten des Imperium Romanum der Niedergang der Schriftkultur: Immer seltener wurden Altäre geweiht, Waren gestempelt oder Graffiti eingeritzt. Entsprechende archäologische Funde sind rar. Die Kenntnis des Lesens und Schreibens sank und konzentrierte sich weit gehend auf die städtischen Zentren bzw. sozialen Eliten. In diesem Milieu entstand eine neue Kultur frühchristlicher Heilsinschriften. Die Ursachen für diese Entwicklung sind vielschichtig. Sicher spielten dabei auch die zunehmende Verarmung weiter Bevölkerungskreise und die beginnende Völkerwanderung eine Rolle. Dennoch nahm die staatliche Bürokratie in der Spätantike zu. Immer neue Verordnungen, Abgaben und Steuern ließen nicht nur den Verwaltungsapparat, sondern auch den behördlichen Schriftverkehr gewaltig anschwellen, während die einfache Bevölkerung kaum noch in der Lage war, die staatlichen Erlasse selbst zu lesen. Die Kirche, ein tragender Pfeiler der spätrömischen Zivilverwaltung, war es schließlich, die die Schrift nach dem Untergang des weströmischen Reiches in Mitteleuropa vor dem völligen Erlöschen bewahrte. Vor allem in den Klöstern überdauerte die Kenntnis des Lesens und Schreibens die „dunklen Jahrhunderte" der Völkerwanderungszeit.

150

151 Glasbecher der *Merueifa*

Aus einem germanischen Grab des späteren 3. Jh. im rechtsrheinischen Leverkusen-Rheindorf stammt dieser in Schlifftechnik aufwändig verzierte Glasbecher mit Darstellung traubenlesender Eroten und dem Trinkspruch *Merueifa vivas cum tuis* – „Merueifa, mögest du mit den deinen leben!" Das Glas wurde in einer gallischen Werkstatt angefertigt, wohl als Auftragsarbeit für eine Germanin namens *Merueifa*. Es ist damit ein seltenes Zeugnis von Schriftgebrauch bei Germanen in der Spätantike.

152 a/b Ein wertvolles Beutestück

Das prachtvolle goldene „Pectorale" mit Almandineinlagen stammt aus einem reich ausgestatteten Adelsgrab der Völkerwanderungszeit, gefunden bei Wolfsheim, Kreis Mainz-Bingen. Ursprünglich handelte es sich dabei um die Verschlussplatte eines persischen Manschettenarmbandes, dem in Zweitverwendung als Beschlag (eines Schwertgurtes?) ein Zieranhänger hinzugefügt wurde. Auf der

Rückseite des Schmuckstücks ist in Persisch der Name *ARTACHSCHATAR* eingraviert. Die Inschrift legt einen direkten Bezug zum Perserkönig Ardax̌shir I. (gestorben 241 n. Chr.) nahe. Das Juwel war zum Zeitpunkt der Bestattung bereits über 100 Jahre alt. Da die übrigen Trachtbeigaben des Grabes auf einen Ostgermanen hinweisen, war es vermutlich als Beutestück in den Besitz des Toten gelangt. Die Inschrift dürfte für diesen letzten Besitzer bedeutungslos gewesen sein.

153 Ansporn statt Segen

Aus den jüngsten Fundschichten des civitas-Hauptortes Nida / Frankfurt-Heddernheim stammt ein bronzener Reitersporn germanischer Machart. Einzigartig unter den völkerwanderungszeitlichen Reitersporen ist die Tatsache, dass dieser eine gravierte Inschrift trägt: AV I VAD O. Sie ist nur mühsam mit einem (germanischen) Besitzernamen in Verbindung zu bringen. Bei der Befestigung des Dorns wurde sogar ein Buchstabe beschädigt, auf die Inschrift bei der Herstellung des Sporns also keine Rücksicht genommen. Es besteht daher der Verdacht, dass ein Germane den Sporn aus einem Altmetall herstellte, wahrscheinlich aus einem spätantiken Armreif mit der christlichen Segensformel *[---]a viva(s in) D(e)o* – „(Name) lebe in Gott!". – Alternative Lesung (G. E. Thüry): *avi (=ave) vado* - „Grüß dich! Und ich bin schon wieder fort" in Anspielung auf die Geschwindigkeit des Reiters.

154

154 In christlichem Kontext

erschienen in der späten Merowingerzeit (7. Jh.) die ersten nachrömischen, lateinischen Inschriften, so beispielsweise eine eiserne Riemenzunge mit silbertauschierter Segensformel aus einem Adelsgrab im Reihengräberfeld von Donzdorf (Kreis Göppingen): *Gaudeat quiem ere, qui cinser(it)* – „erfreuen soll sich der Herr der Ruhe, der (sich mit diesem Riemen) gegürtet haben wird".

Seltene Einzelstücke wie dieses beschränkten sich auf die Oberschicht. Es bleibt fraglich, ob der Träger des Gürtels die Inschrift überhaupt lesen konnte oder ob er die Buchstaben nur als Dekoration verstand.

Um etwa 200 n. Chr. entwickelte sich, offenbar durch das lateinische Alphabet beeinflusst, bei den Germanen Südskandinaviens die Runenschrift, deren älteste Funde aus dem Thorsberger Moor stammen. Die Verwendung der Runen erstreckte sich auf Kurzmitteilungen religiöser wie profaner Belange, zumeist auf bewegliche Gegenstände geritzt, z. B. auf Fibeln, Gürtelschnallen oder Lanzenspitzen, erreichte aber nicht ansatzweise die Funktion der lateinischen Schrift als gesellschafts- und kulturtragendes Kommunikationsmedium.

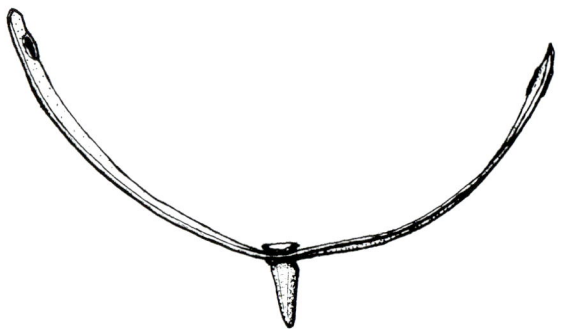

153

Literatur

ALLGEMEIN

W. Eck, Öffentlichkeit, Monument und Inschrift. XI. Congresso Int. di Epigrafia Greca e Latina II (Roma 1999) 55–75.

M. Hainzmann u. Z. Visy (Hrsg.), Instrumenta Inscripta Latina. Das römische Leben im Spiegel der Kleininschriften (Pécs 1991).

M. Scholz, Graffiti. In: Reallexikon der Germanischen Altertumskunde Bd. 12 (Berlin/New York 1998) 558–567.

KAPITEL 1 (ANFÄNGE DER SCHRIFT)

P.-M. Duval, Recueil des Inscriptions Gauloises (RIG). Vol. II.1 : Textes gallo-étrusques, textes gallo-latins sur pierre. Gallia suppl. 45 (Paris 1988).

R. Häussler, Writing Latin – from resistance to assimilation: language, culture and society in N. Italy and S. Gaul. In: A. E. Cooley, Becoming Roman, writing Latin? Literacy and Epigraphy in the Roman-West (Portsmouth, Rhode Island 2002) 61–76.

M. Kuckenburg, „...und sprachen das erste Wort". Die Entstehung von Sprache und Schrift. Eine Kulturgeschichte der menschlichen Verständigung (Düsseldorf 1996).

KAPITEL 2 (BESCHREIBSTOFFE UND SCHREIBGERÄTE)

I. Bilkei u. A. László, Römische Schreibgeräte aus Pannonien. Alba Regia 18, 1980, 61–90.

H. Blank, Das Buch in der Antike (München 1992).

H. Drescher, Römisches Schreibgerät aus dem Hafen von Ostia Antiqua. Archäologisches Korrespondenzblatt 18, 1988, 285–289.

W. Eck, Inschriften auf Holz. Ein unterschätztes Phänomen der epigraphischen Kultur Roms. In: Imperium Romanum. Studien zur Geschichte und Rezeption. Festschrift für Karl Christ zum 75. Geb. (Stuttgart 1998) 203–217.

W. Gaitzsch, Ein bisher unbekanntes Gerät römischer Schreiber aus Bedburg-Buchholz, Erftkreis. Ausgrabungen im Rheinland 1983/1984, 164–168.

W. Gaitzsch, Der Wachsauftrag antiker Schreibtafeln. Bonner Jahrb. 184, 1984, 189–207.

E. Maionica, Antike Schreibrequisiten aus Aquileja. Festschrift für Otto Hirschfeld zum 60. Geb. (Berlin 1903) 360–368.

J. Merten, Wachsspachtel. Hilfsmittel römischer Schreiber. Zwei Neufunde aus Alflen und Wederath-Belginum. Funde und Ausgrabungen im Bezirk Trier 17, 1985, 27–32.

R. Noll, Kostbare Tintenfässer. Bayerische Vorgeschichtsblätter 53, 1988, 83–97.

V. Schaltenbrand Obrecht, Römische Schreibgriffel – *stili* oder *graphia* genannt... In: Helvetia archaeologica 33/2002, 131–137.

M. Scholz, Graffiti. In: Reallexikon der Germanischen Altertumskunde Bd. 12 (Berlin/New York 1998) 558–567.

KAPITEL 3 (ENTZIFFERUNG)

I. Bilkei, Stand der paläographischen Forschungen im Bereich der Gelegenheitsinschriften. In: Specimina Nova Diss. Inst. Hist. Quinqueecclesiensis (Pécs 1991) 55–68.

B. Bischoff, Paläographie des römischen Altertums und des abendländischen Mittelalters (Berlin 1986²).

R. Cagnat, Cours d'Épigraphie Latine (Paris 1898).

KAPITEL 4 (FÄLSCHUNGEN)

P. Eberhard, Gefälschte Antike: Von der Renaissance bis zur Gegenwart (Leipzig 1981).

W. Fuld, Das Lexikon der Fälschungen (Frankfurt 1999).

Th. Hoving, Fälschung! Kunstbetrug von der Antike bis zur Gegenwart (München 1998).

A. Neuburger, Echt oder Fälschung? Die Beurteilung, Prüfung und Behandlung von Altertümern und Kunstgegenständen: Ein Handbuch für Museumsleiter, Sammler, Liebhaber, Chemiker usw. (Leipzig 1924).

E. Paul, Die falsche Göttin. Geschichte der Antikenfälschung (Heidelberg 1962).

KAPITEL 5 (ARMEE UND SCHRIFT)

R. W. Davies, The daily life of the Roman soldier under the principate. In: H. Temporini (Hrsg.), Aufstieg und Niedergang der Römischen Welt II. 1 (Berlin/Zürich/New York 1974) 299–338.

R. O. Fink, Roman military records on papyrus (Princeton 1971).

H. Galsterer, Das Militär als Träger der lateinischen Sprach- und Schriftkultur. In: H. v. Hesberg (Hrsg.), Das Militär als Kulturträger in römischer Zeit (Köln 1999) 37–50.

M. A. Speidel, Das römische Heer als Kulturträger. Lebensweisen und Wertvorstellungen der Legionssoldaten an den Nordgrenzen des Römischen Reiches im 1. Jh. n. Chr. In: R. Frei-Stolba u. H. Herzig (Hrsg.), Actes du IIe colloque Romano-Suisse sur la politique édilitaire dans les provinces de l'Empire Romain (1995) 187–209.

G. R. Watson, Documentation in the Roman Army. In: H. Temporini (Hrsg.), Aufstieg und Niedergang der Römischen Welt II. 1 (Berlin/Zürich/New York 1974) 493–507.

H. Zwicky, Zur Verwendung des Militärs in der Verwaltung der römischen Kaiserzeit (Diss. Zürich 1944).

KAPITEL 6 (BESITZ IN DER RÖMISCHEN ARMEE)

D. Breeze, The Ownership of weapons in the Roman Army. Britannia 7, 1976, 93–95.

R. Mc Mullen, Inscriptions on arms and the supply of arms in the Roman Empire. American Journal of Archeology 64, 1964, 23–40.

H.-U. Nuber, Zwei bronzene Besitzermärkchen aus Frankfurt Heddernheim. Zur Kennzeichnung von Ausrüstungsstücken des römischen Heeres. Chiron 2, 1972, 483–507.

KAPITEL 7 (NAMEN)

M. Dondin-Payre u. M.-Th. Raepsaet-Charlier, Noms, identités culturelles et Romanisation sous le Haut-Empire (Bruxelles 2001).

P. Salway, What's in a Name? A Survey of Roman Onomastic Practice from c. 700 B. C. to A. D. 700. Journal of Roman Studys 84, 1994, 124–145.

M. Scholz, Graffiti auf römischen Tongefäßen aus NIDA-Heddernheim. Schr. Frankfurter Mus. f. Vor- u. Frühgesch. 16 (Frankfurt a. M. 1999) 43–79.

H. Solin, Die stadtrömischen Sklavennamen. Ein Namenbuch. II. Teil: Griechische Namen (Stuttgart 1996).

A. Tovar, Das Vulgärlatein in den Provinzen. In: G. Naumann (Hrsg.), Die Sprachen im Römischen Reich der Kaiserzeit (Köln/Bonn 1980) 331–342.

L. Wierschowski, Fremde in Gallien – „Gallier" in der Fremde. Die epigraphisch bezeugte Mobilität in, von und nach Gallien vom 1. bis 3. Jh. n. Chr. Historia Einzelschriften 159 (Stuttgart 2001).

KAPITEL 8 (RECHT)

R. W. Davies, The Investigation of some crimes in Roman Egypt. Ancient Society 4, 1973, 199–212.

H.-J. Drexhage, Eigentumsdelikte im römischen Ägypten (1.-3. Jh. n. Chr.). In: H. Temporini (Hrsg.), Aufstieg und Niedergang der römischen Welt II. 10,1 (Berlin/Zürich/New York 1988) 952–1004.

W. Eck, Zur Durchsetzung von Anordnungen und Entscheidungen in der hohen Kaiserzeit: die administrative Informationsstruktur. Akten des FIEC-Kongresses Pisa 1989 (Florenz 1992) 915–939.

W. Eck (Hrsg.), Lokale Autonomie und römische Ordnungsmacht in den kaiserzeitlichen Provinzen vom 1. bis 3. Jh. (München 1999).

D. Flach, Die Bergwerksordnungen von Vipasca. Chiron 9, 1979, 399–448.

R. Haensch, Capita provinciarum. Statthaltersitze und Provinzialverwaltung in der römischen Kaiserzeit (Mainz 1997).

A. Wacke, Gallisch, Punisch, Syrisch oder Griechisch statt Latein? Zur schrittweisen Gleichberechtigung der Geschäftssprachen im römischen Reich. Zeitschr. Savigny-Stifung Rechtsgesch. 110, 1993, 114–148.

L. Wenger, Die Quellen des römischen Rechts. Österr. Akad. Wiss. Denkschr. Gesamtakad. 2 (Wien 1953).

KAPITEL 9 (WIRTSCHAFT)

W. Czysz/E. Römer-Martijnse, Eine frühkaiserzeitliche Handelsstation an der via Claudia Augusta im Forggensee bei Dietringen, Lkr. Ostallgäu (Teil I u. II). In: Alt Füssen. Jahrb. Hist. Ver. Alt Füssen 1996/1997, 5–48 (Bleietiketten).

Chr. Flügel/Th. Schmidts, Ein Graffito zur römischen Ziegelproduktion aus Eismerszell, Lkr. Fürstenfeldbruck. Ber. Bayer. Bodendenkmalpfl. 41/42, 2000/01, 121–127.

H.-U. v. Freyberg, Kapitalverkehr und Handel im römischen Kaiserreich (27 v. Chr. – 235 n. Chr.) (Freiburg 1988).

R. Marichal, Les graffites de La Graufesenque. Gallia suppl. 47 (Paris 1988).

E. Römer-Martijnse, Römerzeitliche Bleietiketten aus Karlsdorf, Steiermark (Wien 1990).

K. Strobel (Hrsg.), Forschungen zur römischen Keramikindustrie: Produktions-, Rechts- und Distributionsstrukturen. Akten des 1. Trierer Symposiums zur Antiken Wirtschaftsgeschichte. Trierer Hist. Forsch. 42 (Mainz 2000).

G. Zimmer, Römische Berufsdarstellungen. Arch. Forsch. 12 (Berlin 1982).

Kapitel 10 (Schule)

I. Bilkei, Schulunterricht und Bildungswesen in der römischen Provinz Pannonien. Alba Regia 20, 1983, 67 ff.

S. F. Bonner, Education in ancient Rome. From the elder Cato to the younger Pliny (Berkeley/Los Angeles 1977).

Chr. Öllerer, Die Kenntnis des Lesens und Schreibens im römischen Österreich (ungedr. Diss Wien 1996).

L. Schwinden, Das Schulrelief von Neumagen. In: Funde und Ausgrabungen im Bezirk Trier 24 (Trier 1992) 39–51.

K. Vössing, Schreiben lernen ohne lesen zu können? Zur Methode des anti-

ken Elementarunterrichts. Zeitschrift für Papyrologie u. Epigraphik 123, 1998, 121–125.

K. Vössing, Die Geschichte der römischen Schule – ein Abriss vor dem Hintergrund der neueren Forschung. Gymnasium 110/5, 2003, 455–497.

Kapitel 11 (Religion)

Zu sakralen Gegenständen mit Inschriften:

J. Bagnall Smith, Votive objects and objects of votive significance from Great Walsingham. Britannia 30, 1999, 21–56.

M. Beard, Writing and religion: Ancient Literacy and the function of the written word in Roman religion. In: J. H. Humphrey (ed.), Literacy in the Roman World. Journal Roman Arch. Suppl. 3 (Ann Arbor 1991) 35–58.

J. Derks, The ritual of the vow in galloroman religion. In: J. Metzler/M. Miller et al. (edd.), Integration in the Early Roman-West. Doss. Arch. Mus. Nat. Hist. et Art 4 (Luxemburg 1995) 11–127.

Chr. Mermet, Le sanctuaire galloromain de Châteauneuf (Savoie). Gallia 50, 1993, 95–138.

C. Nickel, Gaben an die Götter. Der gallo-römische Tempelbezirk von Karden (Montagnac 1999) 141–146.

Zu Fluchtäfelchen:

K. Brodersen/A. Kropp (Hrsg.), „...möge er mit dem Gesicht nach unten aus dem Amphitheater gezogen werden". Neue Funde und neue Deutungen zum antiken Schadenzauber. Internationales

Colloquium am Seminar für Alte Geschichte der Universität Mannheim, 17.-18. Dez. 2003 (im Druck).

L. Foucher, Une inscription magique d'El Jem. Antiquités Africaines 36, 2000, 57–61.

F. Graf, Gottesnähe und Schadenzauber. Die Magie in der griechisch-römischen Antike (München 1996).

D. Jordan, A Curse on Charioteers and Horses at Rome. Zeitschrift für Papyrologie und Epigraphik 141, 2002, 141–147.

H. U. Nuber, Eine Zaubertafel aus Schramberg-Waldmössingen, Kreis Rottweil. Fundber. Baden-Württemberg 9, 1984, 377–384.

K. Preisendanz, Papyri Graecae Magicae. Die griechischen Zauberpapyri I-II (Berlin 1928/1931, Nachdruck Stuttgart 1973/1974).

R. S. O. Tomlin, Writing to the gods in Britain. In: A. E. Colley (ed.), Becoming Roman, Writing Latin? Literacy and Epigraphy in The Roman-West (Portsmouth, Rhode Island 2002) 166–179.

Kapitel 12 (Menschliches)

G. Fink, Der kleine Schmutzfink. Unflätiges aus dem Latein (Düsseldorf/Zürich 2001).

L. Friedländer, Darstellungen aus der Sittengeschichte Roms in der Zeit von Augustus bis zum Ausgang der Antonine. 4 Bde. (Nachdruck Aalen 1979).

M. Langner, Antike Graffitizeichnungen. Motive, Gestaltung und Bedeutung. Palilia 11 (Wiesbaden 2001).

I. Opelt, Die lateinischen Schimpfwörter und verwandte sprachliche Erscheinungen, eine Typologie (1965).

K.-W. Weeber, Humor in der Antike (Mainz 1991).

K.-W. Weeber, Decius war hier... Das Beste aus der römischen Graffiti-Szene (Zürich 1996).

KAPITEL 13 (ESSEN UND TRINKEN)

T. Berdowski, *Tituli picti* und die antike Werbesprache für Fischprodukte. Münstersche Beiträge zur antiken Handelsgeschichte 22/2, 2003, 18–55.

W. Binsfeld, Gefäßnamen auf Keramik im Nordwesten des Römischen Reiches. Trierer Zeitschrift 60, 1997, 19–31.

M. Bös, Aufschriften auf Rheinischen Trinkgefäßen der Römerzeit. Kölner Jahrb. f. Vor- u. Frühgesch. 3, 1958, 20–25.

T. Kleberg, In den Wirtshäusern und Weinstuben des antiken Rom (Darmstadt 1966²).

S. Martin-Kilcher, Fischsaucen und Fischkonserven aus dem römischen Gallien. In: Archäologie der Schweiz 13, 1990, 37–44.

M. Junkelmann, Panis militaris. Die Ernährung des römischen Soldaten (Mainz 1997).

KAPITEL 14 (SPÄTANTIKE)

W. Eck, Graffiti an Pilgerorten im spätrömischen Reich. Akten des 12. Int. Kongresses für christliche Arch. (Bonn 1991) 206 ff.

M. A. Handley, Death, Society and Culture: inscriptions and Epitaphs in Gaul and Spain, AD 300–750. BAR Int. Ser. 1135 (Oxford 2003).

J. Irmscher, Inhalte und Institutionen der Bildung in der Spätantike. In: A. Colpe u. a. (Hrsg.), Spätantike und Christentum (Berlin 1992) 159–172.

R. Noll, Eine goldene „Kaiserfibel" aus Niederemmel vom Jahre 316. Bonner Jahrb. 174, 1974, 221–244.

R. Wiegels, Silberbarren der römischen Kaiserzeit (Rhaden / Westf. 2003).

Liste der Leihgeber

Danken möchten wir an dieser Stelle den folgenden Institutionen, Kollegen und Privatpersonen, die dieses Ausstellungsprojekt durch ihre Leihgaben und/oder durch das zur Verfügung stellen von Fotovorlagen unterstützt haben:

Deutsches Archäologisches Institut Athen – Michael Krumme

Museum Augsburg – Lothar Bakker

Römerstadt Augusta Raurica (Augst, CH) – Beat Rütti

Musée Romain d'Avenches (CH) – Anne Hochuli-Gysel

Römerkastell Saalburg Bad Homburg – Egon Schallmayer, Wolfgang Schmidt

Bad Schönborn – Frank Ohlheide

Stadtmuseum Baden-Baden – Heike Kronenwett

Landesdenkmalamt Baden-Württemberg – Andrea Bräuning, Jutta Klug-Treppe, Klaus Kortüm, Britta Rabold, Ingo Stork

Historisches Museum Bern – Felix Müller

Rheinisches Landesmuseum Bonn – Ursula Heimberg

Voralberger Landesmuseum Bregenz – G. Grabherr

Vindonissa-Museum, Kantonsarchäologie Aargau, Brugg (CH) – Regine Fellmann, René Hänggi

Ungarisches Nationalmuseum Budapest – Zsolt Mrav

Hessisches Landesmuseum Darmstadt – Bernhard Pinsker

Landesamt für Denkmalpflege Hes_sen, Außenstelle Darmstadt – Holger Göldner

Heimatmuseum Dillingen – Rudolf Poppa

Archäologisches Museum Donauwörth – Gudrun Reisser

Museum für Kunst und Kulturgeschichte Dortmund – K. Heiner Deutmann

Stadtmuseum Düsseldorf

Archäologisches Museum Frankfurt – Peter Fasold

Amt für Archäologie Kanton Thurgau, Frauenfeld – Albin Hasenfratz

Universität Freiburg, Provinzialrömische Archäologie – Hans Ulrich Nuber

Wetterau-Museum Friedberg – Johannes Kögler

Westfälisches Römermuseum Haltern – Rudolf Asskamp

Hanauer Geschichtsverein – Peter Jüngling

Kurpfälzisches Museum Heidelberg – Renate Ludwig

Stadtmuseum Hofheim a. T. – Eva Scheid

Badisches Landesmuseum Karlsruhe – Katharina Horst

Kulturamt Kempten, Stadtarchäologie – Gerhard Weber

Römisch-Germanisches Museum Köln – Friederike Naumann-Steckner

Museum Burg Linn, Krefeld – Christoph Reichmann

Musée Romain de Lausanne-Vidy – Laurent Flutsch

Rijksmuseum van Oudheden Leiden – Heikki Pauts

British Library London

British Museum London

Musée National d'Histoire et d'Art Luxembourg – Jean Krier

Mittelrheinisches Landesmuseum Mainz – Michael Klein

Landesamt für Denkmalpflege Rheinland-Pfalz, Mainz – Marion Witteyer, Jens Dolata

Musées de Metz – Isabelle Bardies-Fronty

Archäologische Staatssammlung München – Bernd Steidl

Staatliche Antikensammlung und Glyptothek München – Bert Kaeser

Westfälisches Museum für Archäologie Münster – J. S. Kühlborn

Clemens Sels Museum Neuss – Carl Pause

Museum Het Valkhof Nijmegen – Louis Swinkels

Stadt Remagen – Kurt Kleemann

Rheinzabern – Manuel Thomas

Amt für Archäologie Kanton St. Gallen – Regula Steinhauser-Zimmermann

Württembergisches Landesmuseum Stuttgart – Nina Willburger

Bayerisches Landesamt für Denkmalpflege, Außenstelle Schwaben, Thierhaupten – Wolfgang Czysz

Rheinisches Landesmuseum Trier – Lothar Schwinden

Stadt Utrecht – Clasina Isings

Vindolandamuseum

Universität Wien, Institut für Alte Geschichte – Ekkehard Weber

Museum Wiesbaden – Margot Klee

Wiesbaden – Matthias Hübner

Kantonsarchäologie Zürich – Beat Horisberger

Abbildungs- und Literaturnachweis zu den einzelnen Objekten

Abb. 1

AO: Museum Dillingen. Foto: LfD Bayern, Außenstelle Thierhaupten. Lit. H. Dietrich, Ein römisches Klappmesser aus Steinheim. Arch. Jahr Bayern 1998, 96–98; R. Poppa, Ein römisches Klappmesser aus Dillingen-Steinheim und seine Bezüge zu Ägypten. Jahrb. Hist. Verein Dillingen 102, 2001, 11–19.

Abb. 2

AO/Foto: Arch. Staatsslg. München (M. Eberlein). Lit. W. Krämer, Graffiti auf Spätlatènekeramik aus Manching. Germania 60, 1982, 489–499; ders., Figürliche Ritzzeichnungen auf Gefäßscherben glatter Drehscheibenkeramik der Mittel- und Spätlatènezeit. Germania 74, 1996, 361–376.

Abb. 3

AO: Bodendenkmalpfl. Münster. Lit. B. Galsterer, Stempel und Graffiti auf Holzfässern aus Oberaden. In: J.-S. Kühlborn, Das Römerlager in Oberaden III. BAW 27 (Münster 1992) 215. Zur Adressierung römischer Briefe: M. A. Speidel, Die römischen Schreibtafeln von Vindonissa. Veröff. Ges. Pro Vindonissa 12 (Brugg 1996) 35–39

Abb. 4 a/b

AO: LDA Baden-Württemb. Freiburg. Lit. R. Wiegels, Zwei Blei-Marken aus dem frührömischen Truppenlager Dangstetten. Fundber. Baden-Württemberg 14, 1989, 427–456.

Abb. 5

AO/Foto: Mus. Nat. Hist. Art Luxembourg. Lit. R. Weiller, FMRL V (Berlin 1996) 41 Nr. 154 mit Abb. Pl. 1 (154); F. Reinert, Bastendorf – ein frührömischer Kultplatz mit Münzopfer im nördlichen Treverergebiet. In: A. Haffner/S. von Schnurbein (Hrsg.), Kelten, Germanen, Römer im Mittelgebirgsraum zwischen Luxemburg und Thüringen. Akten des Intern. Kolloqu. zum DFG-Schwerpunktprogramm „Romanisierung" in Trier vom 28. bis 30. September 1998 (Bonn 2000) 369–382, bes. 372f. mit Abb. 4.

Abb. 6

AO: Hist. Mus. St. Gallen. Foto: Kantonsarchäologie St. Gallen. Lit. H.-P. Otten, Graffiti auf römischen Wandmalereien. Jahresberichte Augst u. Kaiseraugst 11, 1990, 140.

Abb. 7

AO: Dominikanermus. Rottweil. Foto: Arch. Landesmus. Konstanz (M. Schreiner). Unpubliziert.

Abb. 8

AO: unbekannt. Lit. M. Feugère, Stylet inscrit de Rouffach (Haut Rhin). Gallia 57, 2000, 227–229.

Abb. 9

Lit. Ch. Daremberg/E. Saglio, Dictionaire des antiquités grecques et romaines. Tome 5 (Paris 1877–1919) s.v. tabula (Fig. 6714).

Abb. 10

AO: Zentrales Fundarchiv Rastatt. Lit. M. Reuter, Die römisch-frühvölkerwanderungszeitliche Siedlung Wurmlingen. Materialh. Arch. Baden-Württemberg 71 (Stuttgart 2003) Taf. 33.

Abb. 11

AO: Staatliche Museen zu Berlin, Preussischer Kulturbesitz, Ägyptisches Museum und Papyrussammlung, Schloss-Straße 70, 14 059 Berlin (Inv.-Nr. P 7950). Foto: Staatliche Museen zu Berlin, Preussischer Kulturbesitz, Ägyptisches Museum und Papyrussammlung, Bodestraße 1–3, 10 178 Berlin. Lit. BGU II 423.

Abb. 12

AO: unbekannt. Lit. R. Marichal, Les ostraca de Bu Njem (Tripolis 1992) 131f. Nr. 13.

Abb. 13

AO: Dominikanermus. Rottweil. Foto: Arch. Landesmus. Konstanz (M. Schreiner). Lit. Unpubliziert.

Abb. 14

AO: unbekannt. Lit. D. Schmid, Lagerdorf und Gräberfeld von Urspring. In: Römer an Donau und Iller. Neue Forschungen und Funde (Sigmaringen 1996) 76, Abb. 68, 6.

Abb. 15

AO/Foto: Landesdenkmalamt Baden-Württemberg, Esslingen (Y. Mühleis). Unpubliziert.

Abb. 16 und 17

AO/Foto: Rheinisches Landesmuseum Trier, Inv. ST 11 810 und ST 12 208 (Foto: Th. Zühmer, Umzeichnung: L. Schwinden). Unpubliziert.

Abb. 18 und 19

Umzeichnung: M. Scholz.

Abb. 20

AO/Foto: Württemb. Landesmus. Stuttgart H. Zwietasch/P. Franken-

stein). Lit. St. Martin-Kilcher, AB AQVIS VENIO – zu römischen Fibeln mit punzierten Inschriften. In: MILLE FIORI. Festschr. L. Berger. Forsch. Augst 25 (Augst 1998) 147–154, bes. 149 Abb. C2.
Abb. 21–23
AO: Hanauer Geschichtsverein (Inv.-Nr. 1997/260–03). Fotos: Arch. Landesmus. Konstanz (M. Schreiner); Hessisches Landeskriminalamt Wiesbaden. Lit. M. Reuter, Ein hölzernes Schreibtäfelchen mit Quittung vom 5. April 130 n.Chr. aus dem vicus von Hanau-Salisberg. Germania 77, 1999, 283–293.
Abb. 24–26
AO: Hanauer Geschichtsverein (Inv.-Nr. A1992/07/180–42h). Foto: Arch. Landesmus. Konstanz (M. Schreiner). Unpubliziert.
Abb. 27
Privatbesitz F. Ohlheide (Bad Schönborn), Foto: Arch. Landesmus. Konstanz (M. Schreiner). Unpubliziert.
Abb. 28
Lit. E. Schallmayer (Hrsg.), Hundert Jahre Saalburg. Vom römischen Grenzposten zum europäischen Museum (Mainz 1997) 31 Abb. 23.
Abb. 29
AO: Saalburgmus., Bad Homburg v.d.H. Foto: Arch. Landesmus. Konstanz (M. Schreiner). Unpubliziert.
Abb. 30
AO: Saalburgmus., Bad Homburg v.d.H. Foto: Arch. Landesmus. Konstanz (M. Schreiner). Unpubliziert.
Abb. 31
AO: Saalburgmus., Bad Homburg v.d.H. Foto: Arch. Landesmus. Konstanz (M. Schreiner). Unpubliziert.

Abb. 32
AO: Saalburgmus., Bad Homburg v.d.H. Foto: Arch. Landesmus. Konstanz (M. Schreiner). Unpubliziert.
Abb. 33
AO: Röm.-Germ. Mus. Köln. Foto: Rheinisches Bildarchiv / W. F. Meier, Kattenburg 18–24, 50 667 Köln. Lit. B. Päffgen u. W. Zanier, Überlegungen zur Lokalisierung von Oppidum Ubiorum und Legionslager im frühkaiserzeitlichen Köln. In: W. Czysz/C.-M. Hüssen/H.-P. Kuhnen/C.-S. Sommer/G. Weber (Hrsg.), Provinzialrömische Forschungen. Festschr. für Günter Ulbert zum 65. Geb. (Espelkamp 1995) 114 u. Anm. 16–20 (zum aktuellen Diskussionsstand um die Echtheit des Kölner Graffitos).
Abb. 34
AO/Foto: Deutsches Arch. Institut Athen, Neg.-Nr. Olympia 4441 (Czako). Lit. Antike Welt 28, 1997, 98.
Abb. 35
AO/Foto: The British Library, London. Rep Right T 020 7412 7755. Lit. R. O. Fink, The Hunt's Pridianum: British Museum Papyrus 2851. Journal of Roman Stud. 48, 1958, 102–116.
Abb. 36
AO: Yale University (USA). Repro: Landesdenkmalamt Baden-Württemberg, Esslingen (Y. Mühleis). Lit. R. O. Fink, Military records on papyrus (Princeton 1971) Nr. 83.
Abb. 37
AO: unbekannt. Lit. R. Marichal, Les ostraca de Bu Njem (Tripolis 1992).
Abb. 38
AO/Foto: Vindonissa-Mus. Brugg. Lit. M. A. Speidel, Die römischen Schreibtäfelchen von Vindonissa. Veröff. d. Ges. Pro Vindonissa XII

(Brugg 1996) 94–96.
Abb. 39
AO/Foto: Vindonissa-Mus. Brugg. Lit. M. A. Speidel, Die römischen Schreibtäfelchen von Vindonissa. Veröff. d. Ges. Pro Vindonissa XII (Brugg 1996) 170f.
Abb. 40
AO: Vindonissa-Mus. Brugg. Lit. M. A. Speidel, Die römischen Schreibtäfelchen von Vindonissa. Veröff. d. Ges. Pro Vindonissa XII (Brugg 1996) 178f.
Abb. 41
AO: Fries. Mus. Leuwarden. Umzeichnung: M. Scholz. Lit. AE 1919, 51
Abb. 42
AO/Foto: The British Mus., London (267 261). Lit. Tabulae Vindolandenses II, Nr. 310.
Abb. 43
AO/Foto: The British Mus., London (265 560). Lit. Tabulae Vindolandenses II, Nr. 291.
Abb. 44
AO/Foto: Kurpfälzisches Mus. Heidelberg (E. Kemmet). Lit. R. Ludwig, Kelten, Kastelle, Kurfürsten. Archäologie am Unteren Neckar (Stuttgart 1997) 49.
Abb. 45
AO: Rheinisches Landesmus. Bonn. Lit. H. Lehner, Bonner Jahrb. 112/112, 1904, 405f. Abb. 20–21.
Abb. 46
AO: Saalburgmus., Bad Homburg v.d.H. Foto: Arch. Landesmus. Konstanz (M. Schreiner). Lit. ORL Abt. B Nr. 9 Kastell Heftrich 19 u. Taf. II, 18.
Abb. 47
AO: Saalburgmus., Bad Homburg v.d.H. Lit. ORL Abt B Nr. 9 Kastell Heftrich 19 u. Taf. II, 18.
Abb. 48
AO: Saalburgmus., Bad Homburg v.d.H.

Foto: Arch. Landesmus. Konstanz (M. Schreiner). Lit. CIL XIII 7436.

Abb. 49
AO/Foto: Hessisches Landesmus. Darmstadt. Lit. CIL XIII 7433.

Abb. 50
AO: Saalburgmus., Bad Homburg v.d.H. Foto: Arch. Landesmus. Konstanz (M. Schreiner). Lit. ORL Abt. B Nr. 8 Kastell Zugmantel 156 f. Nr. 6 u. Taf. 27, 18.

Abb. 51
AO: Saalburgmus., Bad Homburg v.d.H. Foto: Arch. Landesmus. Konstanz (M. Schreiner). Lit. L. Jacobi, Das Römerkastell Saalburg v.d.H. (Bad Homburg v.d.H. 1897) 161 u. 347.

Abb. 52
AO: Saalburgmus., Bad Homburg v.d.H. Foto: Arch. Landesmus. Konstanz (M. Schreiner). Lit. J. Wahl, Fragmente eines Handmühlsteins mit militärischer Besitzerinschrift. Fundber. Hessen 15, 1975, 286.

Abb. 53
AO/Foto: Mittelrheinisches Landesmus. Mainz. Lit. CIL XIII 10 023.

Abb. 54
AO/Foto: Mus.Het Valkhof, Nijmegen. Lit. Rijksmuseum Kam, Nijmegen (Hrsg.), Noviomagus. Auf den Spuren der Römer in Nijmegen (Nijmegen 1979) 48 Abb. 47.

Abb. 55
AO/Foto: Arch. Staatsslg. München (M. Eberlein). Lit. W. Zanier, Eine Katapultpfeilspitze der 19. Legion aus Oberammergau. Germania 72, 1994, 587–596.

Abb. 56
AO/Foto: Arch. Staatsslg. München (M. Eberlein). Lit. M. Mackensen, Frühkaiserzeitliche Kleinkastelle bei

Nersingen und Burlafingen an der oberen Donau. Münchner Beitr. zur Vor- u. Frühgesch. 41 (München 1987) 119–125.

Abb. 57
AO/Foto: British Mus. London. Lit. H. B. Walters, Catalogue of Bronzes in the British Museum (London 1899) Nr. 2817.

Abb. 58
AO/Foto: Arch. Staatsslg. München (M. Eberlein). Lit. H.-J. Kellner, Der römische Verwahrfund von Eining. Münchner Beiträge zur Vor- u. Frühgesch. 29 (München 1978) 22.

Abb. 59
AO/Foto: Archäologische Denkmalpflege Rheinland-Pfalz, Mainz, FM 88-049. Unpubliziert.

Abb. 60
AO/Foto: Kurpfälz. Mus. Heidelberg. Lit. G. Wesch-Klein, Ein Reibschalenfragment mit Graffito aus Heidelberg-Neuenheim. Fundber. Baden-Württemberg 16, 1991, 527–530; AE 1991, 1271.

Abb. 61
Privatbesitz. Lit. J. K. Haalebos, Zwammerdam – Nigrum Pullum. Ein Auxiliarkastell am Niedergermanischen Limes. Cingula III (Amsterdam 1977) 219 Abb. 16, 17; L. J. F. Swinkels (Hrsg.), Reiter für Rom: Berittene Truppen an der römischen Rheingrenze (Nijmegen 1995) 12.

Abb. 62
AO: Saalburgmus. (Inv.-Nr. Z 5279). Foto: Arch. Landesmus. Konstanz (M. Schreiner). Lit. Saalburg-Jahrb. 7, 1926, Taf. 20, 1.

Abb. 63
AO: LfD Rheinland-Pfalz, Amt Speyer. Lit. R. Engels, Zur Herkunft der Votivbleche aufgrund der Namen. In: H. Bernhard u. a., Der römische Schatzfund

von Hagenbach (Mainz 1990) 14–19.

Abb. 64
AO: Saalburgmus. (Inv.-Nr. Z 1668). Foto: Arch. Landesmus. Konstanz (M. Schreiner). Unpubliziert.

Abb. 65
AO: Hess. Landesmus. Wiesbaden. Lit. E. Ritterling, Das frührömische Lager bei Hofheim i. T. Ausgrabungs- und Fundbericht. Nassau. Annalen 34, 1905, 89 Abb. 44.

Abb. 66
AO: Arch. Mus. Frankfurt (Inv.-Nr. 1986/55). Foto: U. Seitz-Gray. Lit. M. Scholz, Graffiti auf römischen Tongefäßen aus NIDA-Heddernheim. Schr. Frankfurter Mus. Vor- u. Frühgesch. 16 (Frankfurt/M. 1999) Nr. 42.

Abb. 67
AO: Wetteraumus. Friedberg/Hessen (Inv.-Nr. L 87/20). Foto: Arch. Landesmus. Konstanz (M. Schreiner). Lit. H.-G. Simon/H.-J. Köhler, Ein Geschirrdepot des 3. Jh.. Grabungen im Lagerdorf des Kastells Langenhain. Mat. zur röm.-germ. Keramik 11 (Bonn 1992) C I 170.

Abb. 68
AO: Saalburgmus. (Inv.Nr. Z 2928). Foto: Arch. Landesmus. Konstanz (M. Schreiner). Lit. Saalburg-Jahrb. 2, 1911, 53 Abb. 12, 14.

Abb. 69
AO/Foto: Mus. Romain Avenches. Lit. St. Martin-Kilcher, Der Krug des Nicomedes aus Aventicum. In: Arculiana. Festschr. J. Boegli (Avenches 1995) 139–149.

Abb. 70a/b
AO/Foto: Stadt Krefeld, Mus. Burg Linn. Lit. B. Galsterer, Das Bleitäfelchen aus Gellep Grab 5486. In: R. Pirling/ M. Siepen, Das römisch-fränkische

Gräberfeld von Krefeld-Gellep 1983–
1988 (Stuttgart 2000) 32–39.
Abb. 71
AO: Rhein. Landesmus. Bonn (Inv.-Nr.
F36/80). Foto: Rhein. Bildarchiv. Lit.
H. P. Roschinski, Eine Gefäßscherbe
mit aramäischen Namen aus Krefeld-
Gellep. Epigr. Stud. 13 (Köln/Bonn
1983) 79–86.
Abb. 72
AO/Foto: LfD Bayern, Außenstelle
Thierhaupten. Lit. W. Czysz, Der Tod
im Topf. Ausgrabungen im römischen
Gräberfeld von Oberpeiching bei Rain
am Lech (Friedberg 1999) 24.
Abb. 73
AO: Dominikanermus. Rottweil.
Foto: Arch. Landesmus. Konstanz
(M. Schreiner). Lit. J. C. Wilmanns,
Die Doppelurkunde von Rottweil
und ihr Beitrag zum Städtewesen
in Obergermanien. Epigr. Stud. 12
(Köln/Bonn 1981) 1–182.
Abb. 74a/b
AO: Arch. Mus. Frankfurt (Inv.-Nr. 11).
Foto: Arch. Landesmus. Konstanz
(M. Schreiner). Lit. U. Schillinger-Häfe-
le, Ber. RGK 58, 1977, Nr. 122–123;
P. Fasold, Tausendfacher Tod. Die Be-
stattungsplätze des römischen Mili-
tärlagers und Civitas-Hauptortes
NIDA. Arch. Reihe 20
(Frankfurt/M. 2004) 31.
Abb. 75
AO/Foto: Mittelrhein. Landesmus.
Mainz (Inv.-Nr. 63/97, Foto: U. Rudi-
scher). Lit. H. Klumbach, Nigraschüs-
sel mit Inschrift aus Mainz. Germania
62, 1964, 59–65; AE 1964, 148.
Abb. 76
AO/Foto: The British Mus. London.
Lit. The Roman Inscriptions of Britain
(RIB) II.4, 2443.2.

Abb. 77
Lit. Ch. Daremberg/E. Saglio, Dictio-
nnaire des Antiquités grecques et ro-
maines d'après les textes et les monu-
ments (Paris 1877–1919) Fig. 6731.
Abb. 78 und Abb. 79
AO/Foto: Staatl. Antikenslg. München
(Maaß, Neg.-Nr. 172,16). Lit. H. Freis,
Eine Bronzekanne mit Maßinschrift
aus dem Jahre 47 n. Chr. Chiron 6,
1976, 263–265.
Abb. 80
AO/Foto: Skulpturenslg. Dresden (Inv.-
Nr. ZV 44; Herrmann-Verzeichnis 418).
Lit. G. Zimmer, Römische Berufsdar-
stellungen (Berlin 1982) 94 f.
Abb. 81
AO: Rhein. Landesmus. Lit. Trier;
R. Schindler, Führer durch das Landes-
museum Trier (Trier 1980) Abb. 140.
Abb. 82
Lit. CIL XIII S. 948; H.-Chr. Noeske,
Studien zur Verwaltung und Bevölke-
rung der dakischen Goldbergwerke
in römischer Zeit. Bonner Jahrb. 177,
1977, 398–403 (TC X).
Abb. 83
AO/Foto: Metz, Mus. de la Cour d'Or
(Inv.-Nr. 9617, Foto: J. Munin).
Lit. B. Hoerner/M. Scholz, „Töpfer-
rechnungen" aus der Sigillata-Töpferei
von Chémery-Faulquement (Lothrin-
gen, Dép. Moselle). Germania 78/1,
2000, 57–59.
Abb. 84
AO: Mus. Baden-Baden. Foto: Arch.
Landesmus. Konstanz (M. Schreiner).
Lit. R. Wiegels, Ein Graffito auf einem
römischen Ziegel aus Baden-Baden.
Fundber. Baden-Württemberg 3, 1977,
506–509.
Abb. 85
AO/Foto: Metz, Mus. de la Cour d'Or

(J. Munin). P. Wuilleumier, Inscriptions
Latines de Trois Gaules. 17. Suppl. Gal-
lia (Paris 1963) Nr. 533; Musée archéo-
logique de Metz. La civilisation gallo-
romain dans la cité de Médiomatri-
ques 1 (Metz 1992) Nr. 173.
Abb. 86
AO: Hess. Landesmus. Darmstadt. Lit.
F.-R. Herrmann, Die villa rustica „Ha-
selburg" bei Hummetroth. Arch. Denk-
mäler in Hessen 55 (Wiesbaden 1985).
Abb. 87
AO/Foto: Bernisches Histor. Mus.
(Inv.-Nr. 40217, Neg.-Nr. K1982).
Lit. R. Frei-Stolba, Zur Ziegelinschrift
von Erlach. Arch. Schweiz 3, 1980, 103 f.
Abb. 88
AO/Foto: Kantonsarch. Zürich.
Lit. M. A. Speidel, Ein römischer Ziegel
mit Ritzinschrift aus dem Ziegelbrenn-
ofen Josenmatt bei Wettswil. Arch.
Kanton Zürich 1993–1994. Ber. Kan-
tonsarch. Zürich 13, 1996, 193–198.
Abb. 89
AO: LDA Freiburg, Inv.-Nr. GREN 353.
Foto: Arch. Landesmus. Konstanz
(M. Schreiner). Unpubliziert.
Abb. 90
AO: LfD Rheinland-Pfalz, Mainz.
Lit. M. Scholz, Informativer Schrott:
Bleietiketten für Lebensmittel und
Amulettscheibe. In: E. Wamers/F. Berger
/M. Scholz/Chr. Stoess, Lesefunde aus
der Löhrstraße (Baustelle Hilton II) in
Mainz. Mainzer Arch. Zeitschr. (im
Druck).
Abb. 91 a/b
AO: Mus. Kempten (Inv.-Nr. 1953, 98).
Lit. U. Schillinger-Häfele, Ber. RGK 58,
1977, Nr. 223.
Abb. 92
AO: Musée Romain Avenches (Inv.-Nr.
AV86/5889–02). Lit. R. Frei-Stolba,

„Dienstag, den 2. April ... 213 n. Chr." –
Zu einem ungewöhnlichen Datum aus
Aventicum. Arch. Schweiz 16, 1993/3,
128 ff.; AE 1993, 1217.

Abb. 93
AO: Rhein. Landesmus. Trier.
L. Schwinden, Das Schulrelief von
Neumagen. Funde u. Ausgrabun-
gen im Bezirk Trier 24 (Trier 1992)
39–51 bes. 41.

Abb. 94
AO: Mus. für Ur- und Frühgesch. Freiburg. Lit. R. Wiegels, Drei römische
Kleininschriften. Fundber. Baden-Württemberg 7, 1982, 347–351.

Abb. 95
AO: Schutzhaus „Römisches Bad"
Wurmlingen. Foto: M. Reuter.
Lit. M. Reuter, Die römisch-frühvölkerwanderungszeitliche Siedlung Wurmlingen. Materialh. Arch. in Baden-Württemberg 71 (Stuttgart 2003) Taf. 9.

Abb. 96
AO/Foto: Mus. für Vor- und Früh-
gesch. Frankfurt (U. Seitz-Gray).
Lit. I. Huld-Zetsche in: D. Baatz u.
F.-R. Herrmann (Hrsg.), Die Römer
in Hessen (Stuttgart 1989) 299.

Abb. 97
AO: Mus. Römervilla Ahrweiler. Foto:
LfD Rheinland-Pfalz, Amt Koblenz.
Lit. H. Fehr/J. Blänsdorf, Eine Villa des
2.–4. Jh. „Am Silberberg" in Ahrweiler
und das Ahrweiler Schüler-Sgraffito.
Gymnasium 89, 1982, 497–510; kri-
tisch dazu: F. Saum, Der Ahrweiler
Schüler-Graffito. Gymnasium 91, 1984,
412 f.

Abb. 98
AO: Original im Schweiz. Landesmus.
Zürich (Inv. Nr. 3545), Abguss im Thur-
gauischen Mus. Frauenfeld. Foto: Amt
für Archäologie des Kantons Thurgau.

Lit. H. Lieb, Die römischen Inschriften
von Stein am Rhein und Eschenz. In:
M. Höneisen (Hrsg.), Frühgeschichte
der Region Stein a. R. Arch. Forsch.
am Ausfluss des Untersees. Antiqua
26 (Basel 1993) 162–165.

Abb. 99
AO/Foto: LfD Bayern, Außenstelle
Thierhaupten. Lit. W. Czysz/M. Scholz,
Götterspeise – Ein Opferdepot am
Rand der Römervilla von Marktober-
dorf-Kohlhunden. Arch. Jahr Bayern
2002, 74–78.

Abb. 100 a/b
AO: Röm.-Germ. Mus. Köln (Inv.-
Nr. 81,281). Foto: Rhein. Bildarchiv.
Lit. W. F. Meier. B. Galsterer, Eine neue
Weihung an Isis aus Köln. Kölner
Jahrb. 32, 1999, 301–303.

Abb. 101 a/b
AO/Foto: Musée National d'Histoire
et d'Art Luxembourg.

Abb. 102 bis Abb. 107
AO/Foto: Rheinisches Landesmuseum
Trier, Inv. ST 11 810 und ST 12 208
(Foto: Th. Zühmer, Umzeichnung:
L. Schwinden). Unpubliziert.

Abb. 108 a/b/c
Privatbes. M. Hübner (Wiesbaden).
Foto: Landesdenkmalamt Baden-Württemberg, Esslingen (Y. Mühleis, Umzeichnung: M. Scholz). Unpubliziert.

Abb. 110
AO/Foto: Musée Romain Avenches
(Inv.-Nr. 89/7852-9). Lit. R. Frei-Stolba,
Une tablette magique (defixio) trouvée
à Avenches-En Chaplix. Bull. de l'Asso-
ciation Pro Aventico 44, 2002, 115–120.

Abb. 111
AO/Foto: Bad. Landesmus. Karlsruhe
(Inv.-Nr. C625, Foto: Th. Goldschmidt).
Lit. CIL XIII 5338; W. Heinz, Das ma-
gische Amulett von Badenweiler. Das

Markgräflerland 1/1982, 61–71; H. U.
Nuber, Das Silberblech mit magischer
Inschrift. In: M. N. Filgis u. a., Das römische Badenweiler. Führer arch. Denkmäler Baden-Württemberg 22
(Stuttgart 2002) 85.
H. U. Nuber, Wasser, Schrift und His-
torie: Zu dem magischen Silberplätt-
chen aus Badenweiler. Zeitschr. für
die Geschichte des Oberrheins 150,
2002, 21–40.

Abb. 112
AO: Arch. Denkmalpflege Rheinland-
Pfalz, Mainz. Mainzer Verfluchungs-
täfelchen Inv.-Nr. 182, 16.

Abb. 113
AO: Arch. Denkmalpflege Rheinland-
Pfalz, Mainz. Mainzer Verfluchungs-
täfelchen Inv.-Nr. 411.

Abb. 114 bis Abb. 116
AO/Foto: Arch. Denkmalpflege Rheinland-Pfalz, Mainz.

Abb. 117
AO/Foto: Arch. Landesmus. Konstanz
(M. Schreiner). Lit. J. Hahn/S. Mrat-
schek, Erycina in Rätien. Fundber. Baden-Württemberg 10, 1985, 147–154.

Abb. 118
AO: Museum Remagen (Inv. Nr. 1236).
Foto: Arch. Landesmus. Konstanz
(M. Schreiner). Lit. F. Bücheler, Eine
italische Blei- und eine rheinische
Thon-Inschrift. Bonner Jahrb. 116,
1907, 298 ff.

Abb. 119
AO: Saalburgkastell, Bad Homburg v.
d. H. (Inv.Nr. Z 2188). Foto: Arch. Landesmus. Konstanz (M. Schreiner).
Lit. Saalburg-Jahrb. 7, 1926, Taf. 18, 18.

Abb. 120
AO/Foto: Centralmus. Utrecht. Lit.
T. Bechert/W. J. H. Willems (Hrsg.),
Die römische Reichsgrenze von der

Mosel bis zur Nordseeküste (Stuttgart 1995) 24 Abb. 16.

Abb. 121 a/b/c
AO: Mus. für Vor- und Frühgesch. Frankfurt a. M. Foto: Arch. Landesmus. Konstanz (M. Schreiner). Lit. A. Riese, Korrbl. Westdt. Zeitschr. 1891, 161–164.

Abb. 122
AO/Foto: Mittelrheinisches Landesmuseum Mainz (Inv.Nr. 30, 224). Lit. G. E. Thüry, Mehrdeutige erotische Kleininschriften. Bayer. Vorgeschbl. 59, 1994, 85–95, Nr. 4

Abb. 123
AO/Foto: Bayer. Landesamt für Denkmalpfl., Außenstelle Thierhaupten. Lit. W. Czysz, Neue Beobachtungen zum Ortsbild und zur Geschichte des römischen Töpferdorfes von Schwabmünchen. Arch. Jahr Bayern 1997, 115 Abb. 71

Abb. 124
AO: Saalburgmus., Bad Homburg v.d.H. Foto: Arch. Landesmus. Konstanz (M. Schreiner). Lit. Germania Romana (Bamberg 1922) 96, 1.

Abb. 125
AO: Intercisa-Mus. Lit. E. B. Vágó u. I. Bóna, Der spätrömische Südostfriedhof. Die Gräberfelder von Intercisa I (Budapest 1976) 184f. u. 240 Taf. 30.

Abb. 126
AO: unbekannt. Lit. N. Gudea, Die Nordgrenze der römischen Provinz Obermoesien. Materialien zu ihrer Geschichte (86–275 n. Chr). Jahrb. RGZM 48, 2001, 72 Nr. 13 b

Abb. 127
AO: Saalburgmus., Bad Homburg v.d.H. Foto: Arch. Landesmus. Konstanz (M. Schreiner). Lit. F. Quilling, Griechisches Graffit im Saalburg-Museum. Saalburg-Jahrb. 3, 1912, 72–74.

Abb. 128
AO/Foto: Mus. Het Valkhof, Nijmegen. Lit. T. Bechert, Römisches Germanien zwischen Rhein und Maas. Die Provinz Germania Inferior (München 1982) 249 Abb. 349.

Abb. 129
AO/Foto: Ungarisches Nationalmus., Budapest. Lit. H.-Chr. Noeske, Studien zur Verwaltung und Bevölkerung der dakischen Goldbergwerke in römischer Zeit. Bonner Jahrb. 177, 1977, 387f.

Abb. 130
AO/Foto: Landesamt für Denkmalpfl. Rheinland-Pfalz, Mainz. Lit. U. Ehmig, Garum für den Statthalter. Eine Saucenamphore mit Besitzerinschrift aus Mainz. Mainzer Arch. Zeitschr. 1996, 25–56.

Abb. 131
AO/Foto: Mittelrheinisches Landesmus. Mainz (Inv.Nr. 61/48). Lit. S. Künzl, Ein Biergefäß aus Mainz. Barbotinedekorierte Terra Sigillata mit Inschriften. Mainzer Zeitschr. 86, 1991, 171–185.

Abb. 132
AO/Foto: Mus. Burg Linn, Krefeld-Gellep. Lit. R. Pirling, Ein Trierer Spruchbecher mit ungewöhnlicher Inschrift aus Krefeld-Gellep. Germania 71, 1993, 387–404.

Abb. 133
AO/Foto: Mus. Burg Linn, Krefeld-Gellep. Lit. R. Pirling, Römer und Franken in Krefeld-Gellep (Mainz 1986) 11 Abb. 15 u. 84.

Abb. 134
AO/Foto: Mus. Burg Linn, Krefeld-Gellep. Lit. G. Alföldy, Ein Weingedicht aus Gelduba/Krefeld-Gellep. In: Epigr. Stud. 5 (Düsseldorf 1968) 94–98.

Abb. 135
AO: unbekannt. Lit. U. Maier-Weber, Kuchen und Sauerampfer: Zwei Funde aus Neuss-Gnadental. Arch. Rheinland 1992, 72–74.

Abb. 136 a/b
AO: Vindonissa-Museum Brugg. Lit. M. A. Speidel, Die römischen Schreibtafeln von Vindonissa. Veröff. Ges. Pro Vindonissa XII (Brugg 1986) 188–191.

Abb. 137 bis Abb. 139
AO/Foto: Rheinisches Landesmuseum Trier, Inv. EV. 99, 17 b (Foto: Th. Zühmer, Umzeichnung: L. Schwinden) Unpubliziert.

Abb. 140 bis Abb. 145
AO/Foto: Rheinisches Landesmuseum Trier, Inv. EV. 99, 55 a (Foto: Th. Zühmer, Umzeichnung: L. Schwinden) Unpubliziert.

Abb. 146 bis Abb. 148
AO/Foto: Rheinisches Landesmuseum Trier, Inv. EV. 88, 124 (Foto: Th. Zühmer, Umzeichnung: L. Schwinden) Unpubliziert.

Abb. 149 und Abb. 150
AO/Foto: Römermus. Augst. Lit. H. Wrede/H. A. Cahn, Vermutungen über Funktion u. Besitzer des Silberschatzes. In: Stiftung Pro Augusta Raurica (Hrsg.), Der spätrömische Silberschatz von Kaiseraugst. Basler Beitr. Ur- u. Frühgesch. 9 (Derendingen 1984) 405–409; R. Wiegels, Silberbarren der römischen Kaiserzeit. Arch. u. Gesch. des ersten Jahrtausends. Freiburger Beitr. Arch. 7 (Rhaden/Westf. 2003).

Abb. 151
AO/Foto: Rhein. Landesmus. Bonn (Inv.-Nr. 1390, Neg.-Nr. 78). Lit. Gallien in der Spätantike. Von Kaiser Constantin zu Frankenkönig Childerich. Ausstellungskat. RGZM (Mainz 1980) 94–97 Nr. 107.

Abb. 152 a/b
AO/Foto: Hess. Landesmus. Wiesbaden. Lit. D. Quast, Das „Pektorale" von Wolfsheim, Kr. Mainz-Bingen. Germania 77/2, 1999, 705–718.
Abb. 153
AO: Arch. Mus. Frankfurt (Inv.-Nr. 21237). Umzeichnung: M. Scholz. Lit. M. Scholz, Ein spätantiker Reitersporn

mit Inschrift aus den Ruinen von Nida-Heddernheim. Arch. Korrbl. 30, 2000, 117–130; G. E. Thüry, Zur Inschrift auf einem spätantiken Reitersporn aus NIDA-Heddernheim, Arch. Korrbl. 34, 2004, 253 f.
Abb. 154
AO/Foto: Württemb. Landesmus. Stuttgart (H. Zwietasch/P. Franken-

stein). Lit. K. Düwel, Frühe Schriftkultur bei den Barbaren. Germanische Runen, lateinische Inschriften. In: Die Alamannen, hrsg. vom Arch. Landesmus. Baden-Württemberg (Stuttgart 1997) 491–498.

ADRESSEN DER AUTOREN

Prof. Dr. Jürgen Blänsdorf
Universität Mainz,
Seminar für Klassische Philologie
Jakob-Welder-Weg 18
55099 Mainz

Dr. Jean Krier
Musée National d'Histoire
et d'Art
Marché-aux-Poissons
L - 2345 Luxembourg

Dr. Lothar Schwinden
Rheinisches Landesmuseum
Trier
Weimarer Allee 1
54290 Trier

Dr. Jens Dolata
Landesamt für Denkmalpflege
Rheinland-Pfalz, Mainz
Große Langgasse 29
55116 Mainz

Dr. Marcus Reuter
Archäologisches Landesmuseum
Baden-Württemberg
Benediktinerplatz 5
78467 Konstanz

Dr. Marion Witteyer
Landesamt für Denkmalpflege
Rheinland-Pfalz, Mainz
Große Langgasse 29
55116 Mainz

Dr. Ulrike Herbermann
Universität Freiburg,
Institut für Provinzialrömische
Archäologie
Glacisweg 7
79098 Freiburg

Dr. Markus Scholz
Landesdenkmalamt
Baden-Württemberg
Berliner Straße 12
73728 Esslingen

SCHRIFTEN DES LIMESMUSEUMS AALEN

(Bis Heft 33: Kleine Schriften zur Kenntnis 'der römischen Besetzungsgeschichte Südwestdeutschlands). Hrsg.: Gesellschaft für Vor- und Frühgeschichte in Württemberg und Hohenzollern e.V., mit Unterstützung des Württembergischen Landesmuseums Stuttgart und der Stadt Aalen.

ZU BEZIEHEN ÜBER DIE GESELLSCHAFT FÜR VOR- UND FRÜHGESCHICHTE, BERLINER STRASSE 12 73728 ESSLINGEN AM NECKAR

Die Nummern 1-8, 10-13, 16, 17, 20, 26, 27, 30, 34, 36 sind vergriffen.

Heft 9: Hans-Jörg Kellner, Die Sigillatatöpfereien von Westerndorf und Pfaffenhofen (1973). 24 S., 36 Abb.

Heft 14: Gerhard Bauchhenß, Jupitergigantensäulen (1976). 76 S., 48 Abb., 1 Karte.

Heft 15: Dietwulf Baatz, Die Wachttürme am Limes (1976). 52 S., 32 Abb.

Heft 17: Ursula Heimberg, Römische Landvermessung – Limitation (1977). 84 S., 63 Abb.

Heft 18: Barbara Pferdehirt, Die römischen Terra-Sigillata-Töpfereien in Südgallien (1978). 64 S., 32 Abb.

Heft 19: Wolfgang Gaitzsch, Römische Werkzeuge (1978). 80 S., 46 Abb.

Heft 21: Udelgard Körber-Grohne, Nutzpflanzen und Umwelt im römischen Germanien (1979). 80 S., 41 Abb.

Heft 23: Maarten J. Vermaseren, Der Kult der Kybele und des Attis im Römischen Germanien (1980). 52 S., 25 Abb.

Heft 24: Michael P. Speidel, Jupiter Dolichenus – Der Himmelsgott auf dem Stier (1980). 73 S., 59 Abb.

Heft 25: Philipp Filtzinger, Hic saxa loquuntur – Hier reden die Steine (1980). 264 S., zahlr. Abb.

Heft 28: Ute Schillinger-Häfele, Lateinische Inschriften – Quellen für die Geschichte des römischen Reiches (1982). 88 S., zahlr. Abb.

Heft 29: Gerold Walser, Die römischen Straßen und Meilensteine in Raetien (1983). 128 S., 28 Abb.

Heft 31: Rudolf Fellmann, Principia – Stabsgebäude (1983). 84 S., 40 Abb.

Heft 32: Francois Baratte, Römisches Silbergeschirr in den gallischen und germanischen Provinzen (1984). 100 S., 45 Abb.

Heft 33: Rainer Braun, Die Anfänge der Erforschung des rätischen Limes (1984). 111 S., 52 Abb.

Heft 35: Gerhard Winkler, Die römischen Straßen und Meilensteine in Noricum – Österreich (1985). 152 S., 35 Abb.

Heft 37: Ute Schillinger-Häfele, Consules – Augusti – Caesares. Datierung von römischen Inschriften und Münzen. Mit einem Beitrag von Philipp Filtzinger (1986). 152 S., 22 Abb.

Heft 38: Wolfgang Gaitzsch, Antike Korb- und Seilerwaren (1987). 100 S., 46 Abb.

Heft 39: Hartmut Matthäus, Der Arzt in römischer Zeit. Literarische Nachrichten – archäologische Denkmäler (1988). 104 S., 47 Abb.

Heft 40: Hans-Ulrich Nuber, Antike Bronzen aus Baden-Württemberg (1988). 128 S., 116 Abb.

Heft 41: Joachim Fugmann, Römisches Theater in der Provinz. Eine Einführung in das Theaterwesen im Imperium Romanum (1988). 96 S., 40 Abb.

Heft 42: Marcus Junkelmann, Römische Kavallerie – Equites Alae. Die Kampfausrüstung der römischen Reiterei im 1. und 2. Jh. n. Chr. (1989). 139 S., 95 Abb.

Heft 43: Hartmut Matthäus, Der Arzt in römischer Zeit. Medizinische Instrumente und Arzneien. Archäologische Hinterlassenschaften in Siedlungen und Gräbern (1989). 108 S., 46 Abb.

Heft 44: Kurt Gemser, Der Donaulimes in Österreich (1990). 93 S., 69 Abb.

Heft 45: Rainer Braun, Frühe Forschungen am obergermanischen Limes in Baden-Württemberg (1990). 148 S., 72 Abb.

Heft 46: Peter Fasold, Römischer Grabbrauch in Süddeutschland (1992). 92 S., 44 Abb.

Heft 47: Erwin M. Ruprechtsberger, Die römische Limeszone in Tripolitanien und der Kyrenaika. Tunesien – Libyen. Eine Verteidigungslinie wie der Limes zwischen Rhein und Donau (1993). 120 S., 86 Abb.

Heft 48: Ingeborg Huld-Zetsche, NIDA – Eine römische Stadt in Frankfurt am Main (1994). 180 S., 113 Abb.

Heft 49: Philipp Filtzinger, ARAE FLAVIAE – Das römische Rottweil (1995). 36 S., 100 Abb., 16 Farbtafeln.

Heft 50: Astrid Böhme-Schönberger, Kleidung und Schmuck in Rom und den Provinzen (1997). 120 S., zahlr. farbige Abb.

Heft 51: Martin Kemkes/Jörg Scheuerbrandt, Zwischen Patrouille und Parade. Die römische Reiterei am Limes. Zugleich Katalog der Sonderausstellung im Limesmuseum Aalen (1997). 120 S., 116 Abb.

Heft 52: Manfred Clauss, Lexikon lateinischer militärischer Fachausdrücke (1999). 103 S., 70 Abb.

Heft 53: Von Augustus bis Attila – Leben am ungarischen Donaulimes (2000). 131 S., 100 Abb. (Katalog zur Ausstellung).

Heft 54: Frank Unruh, „...Dass alle Welt geschätzt würde." Volkszählung im Römischen Reich (2001). 68 S., 39 Abb.

Heft 55: Nicole Lambert / Jörg Scheuerbrandt, Das Militärdiplom. Quelle zur Römischen Armee und zum Urkundenwesen (2002) 76 S., 42 Abb.

Heft 56: Martin Kemkes / Nina Willburger, Der Soldat und die Götter. Römische Religion am Limes (2004) 120 S., 122 Abb.